Anke Ganzer

Mechanik – Inklusionsmaterial

PERSEN

Die Autorin

Anke Ganzer ist Haupt- und Realschullehrerin für Mathematik und Physik und führt Fortbildungen für Lehrkräfte im Fach Physik durch.

Gedruckt auf umweltbewusst gefertigtem, chlorfrei gebleichtem und alterungsbeständigem Papier.

1. Auflage 2018

Satz: Satzpunkt Ursula Ewert GmbH, Bayreuth

ISBN: 978-3-403-20092-5

www.persen.de

Inhaltsverzeichnis

Inhaltsverzeichnis

Grau unterlegte Arbeitsblätter im Inhaltsverzeichnis sind die Arbeitsblätter für die Schüler mit sonderpädagogischem Förderbedarf.

Zusatzmaterial:
– Lösungen im PDF-Format

Vorwort

Kennen Sie die Karikatur, in der ein Prüfer, mit dem Ziel einer gerechten Auslese, verschiedenen Tieren eine einheitliche Prüfungsaufgabe gibt? Diese Aufgabe lautet für alle Tiere gleich, sie sollen auf einen Baum zu klettern. Der Affe wird sicher einen Luftsprung machen, doch der Elefant und der Fisch werden wahrscheinlich bei der Prüfung trotz vermeintlich gerechter Auslese durchfallen.

Dieses Bild verdeutlicht, in natürlich überspitzter Art und Weise, die Heterogenität unserer Lerngruppen. Unsere Schüler haben unterschiedliche Lernvoraussetzungen, verschiedene Motivationen, Schwächen und Stärken. Für die Lehrkräfte ist es eine große Herausforderung den Unterricht zu individualisieren und im Unterricht stets differenzierte Aufgabenstellungen bereit zu halten. Natürlich können so die leistungsstärkeren und schwächeren Schüler gefördert und zum Erfolg geführt werden. Die positiven Effekte sind in den meisten Fällen eine höhere Motivation und Leistungsbereitschaft.

Dem Ziel, allen Lernenden gerecht zu werden, steht jedoch ein bedeutender Mehraufwand der Lehrkraft entgegen. An dieser Stelle möchte das vorliegende Buch die Lehrkräfte unterstützen. Dieses Buch ergänzt die bereits erschienen kompetenzorientierten Aufgaben der Mechanik aus Physik I, II und III. Die Aufgaben werden nun mit Hilfen angeboten, die im Unterricht die Lehrkräfte in dem Bemühen um größerer Differenzierung unterstützen. Wie bereits in den vorangegangenen Büchern wurden diese Aufgaben im Unterricht erprobt und anschließend Veränderungen eingearbeitet.

Konkret werden in diesem Buch folgende Hilfen für die Schüler bereitgestellt:

a) Hilfen zur Texterschließung

b) Visualisierungen

c) Lückentexte mit Wortbausteinen

d) Gestufte Hilfen

Hilfen zur Texterschließung:

In Textaufgaben zur Berechnung physikalischer Größen werden die Formelzeichen der gegebenen und gesuchten physikalischen Größen sowohl im Text als auch in den Lösungskästchen angegeben. So werden die Schülerinnen und Schüler bei der Zuordnung der Zahlenwerte zu den Größen, beim Finden der richtigen Formel und beim Einsetzen in diese unterstützt. Gleichzeitig wird hier eine Schrittfolge zum Lösen physikalischer Textaufgaben geübt.

Umfangreichere inhaltliche Texte werden in überschaubare Abschnitte unterteilt, gekürzt oder es wurden wichtige Begriffe hervorgehoben. Die Aufgabenstellungen bleiben gleich.

Visualisierungen:

Wie auch in den bereits erschienen Büchern werden die physikalischen Sachverhalte durch zahlreiche passende Grafiken anschaulich dargestellt. Ergänzt wurden die Aufgaben durch Info-Kästchen. In denen werden die Definitionen, Zusammenhänge und Gesetze genannt und meist in einem anwendungsbezogenen Bild verdeutlicht. So können die Lernenden während des Lösens der Aufgaben wichtige Informationen direkt aus den angegebenen Informationen entnehmen und auf den neuen Sachverhalt übertragen.

Lückentexte mit Wortbausteinen:

Zum Erlernen verschiedener Fachbegriffe werden die Wortbausteine der Lückentexte vor dem Text deutlich hervorgehoben. Das hat zum einen den Vorteil, dass wichtige Begriffe den Schülerinnen und Schülern schneller ins Auge fallen und so häufiger gesehen und damit besser gelernt werden. Weiterhin erhalten sie eine Unterstützung der fachsprachlichen Ausdrucksfähigkeit und letztendlich zum Ausfüllen der Lücken.

Eine Variante zur Erhöhung der Anforderung bei dieser Hilfe wäre es, die Anzahl der Wortbausteine zu erhöhen. Folglich müssen die Schülerinnen und Schüler noch genauer überlegen und entscheiden, welche Wortbausteine ausgeschlossen werden können. Diese Veränderung können Sie problemlos in den Arbeitsblättern vornehmen.

Gestufte Hilfen:

Bei Aufgaben mit gestuften Hilfen müssen die Schülerinnen und Schüler mehrere Lösungsschritte nacheinander vollziehen oder die Aufgabe selbst erst modellieren. Die Lernenden können die angebotenen Hilfen nach individuellem Bedarf nutzen. So fördern sie sowohl das Lernen als auch das selbstständige Arbeiten.

Die ersten Aufgaben mit gestuften Hilfen entwickelte eine Arbeitsgruppe um Dr. Lutz Stäudel an der Universität Kassel. Ich hatte das Glück mit ihm zusammenzuarbeiten und bin nach der Erprobung einiger Aufgaben im Unterricht von dem lernfördernden Einsatz überzeugt. Die hier angebotenen gestuften Hilfen sind in Anlehnung an Dr. Stäudels Aufgaben mit Hilfen erstellt.

Bei den gestuften Hilfen werden zwischen den inhaltlichen und den lernstrategischen Hilfen unterschieden. Die inhaltlichen Hilfen sind entweder eine direkte Hilfe oder als Frage formuliert. Die lernstrategischen Hilfen verweisen die Lernenden auf ähnliche Situationen, aktivieren Vorwissen, orientieren auf eine mögliche Vorgehensweise oder regen an, den Sachverhalt in einer Skizze zu verdeutlichen. In beiden Fällen sollen die Hilfen Impulse für das eigenständige und kreative Lösen der gestellten Aufgabe geben.

Um nicht sofort die Antwort auf die helfende Frage vor Augen zu haben, befinden sich die Antworten im Inneren der Hilfekärtchen. Das Nutzen der Hilfen erfordert folglich eine bewusste Handlung und soll so dem bloßen Abschreiben der Lösung vorbeugen.

In der Praxis haben sich die gefalteten A5-Blätter bewährt. Mit einem kleinen Gummi können die Hilfen zu einer Aufgabe als kleines Päckchen zusammengehalten werden. Sie können frei entscheiden, ob Sie die Hilfepäckchen (2–4 Päckchen) auf einem zentralen Tisch im Raum oder direkt auf den Schülertischen ablegen.

Noch eine abschließende Bemerkung: Wie so häufig, benötigen die Schülerinnen und Schüler erst eine gewisse Zeit und Übung im Umgang mit den gestuften Hilfen. Haben Sie Geduld, erklären Sie Ihren Schülern die Zielstellung und setzen Sie die Aufgaben mit gestuften Hilfen dann wieder ein.

Ich wünsche Ihnen beim Einsatz der Aufgaben mit den unterschiedlichen Hilfen im Unterricht viel Erfolg und Freude beim Lernen.

Anke Ganzer

Eigenschaften von Körpern

INFO

Körper sind in der Physik alle Gegenstände der Umwelt. Zum Beispiel: die Luft, das Wasser oder der Baum.
Sie haben **gemeinsame** und **unterschiedliche Eigenschaften**:
Alle Körper bestehen aus Teilchen, nehmen einen Raum ein und haben eine Masse.
Einige Körper sind fest, flüssig oder gasförmig, einige können Wärme oder Strom leiten oder sind magnetisch und ziehen Eisen an.

1 Kreuze an.

Aussage	trifft auf alle Körper zu	trifft nur auf wenige Körper zu
Ein Körper besteht aus mindestens einem Stoff.		
Ein Körper ist flüssig.		
Alle Körper bestehen aus Teilchen. Zwischen den Teilchen wirken Kräfte.		
Ein Körper leitet die Wärme.		
Ein Körper ist bunt.		
Körper nehmen einen Raum ein.		
Körper haben eine bestimmte Masse.		
Ein Körper zieht andere Körper aus Eisen an.		

2 a) Vervollständige die gemeinsamen Eigenschaften aller Körper:

Alle Körper bestehen aus ____________________.

Alle Körper nehmen einen ____________________ ein.

Alle Körper haben eine bestimmte ________________.

Tipp! Nutze die Tabelle aus Aufgabe 1.

b) Vervollständige unterschiedliche Eigenschaften aller Körper:

Einige Körper können ____________________ leiten.

Einige Körper haben eine ______________________________ Farbe.

Einige Körper ziehen ____________________ an und sind magnetisch.

3 Ordne nach Körper und Stoff. Verbinde.

Körper
Stoff

Stuhl
Holz
Eisen
Wasserflasche
Wasser
Kohlendioxid
Telefon

Fasse zusammen und vervollständige die Sätze.

Körper heißen alle ______________________________.

Stoffe sind die ____________________ aus denen die ________________ bestehen.

Eigenschaften von Körpern

① **Kreuze an.**

Aussage	trifft auf alle Körper zu	trifft nur auf wenige Körper zu
Ein Körper besteht aus mindestens einem Stoff.		
Ein Körper ist flüssig.		
Zwischen den Teilchen eines Körpers wirken Kräfte.		
Ein Körper leitet die Wärme.		
Ein Körper ist bunt.		
Ein Körper nimmt einen Raum ein.		
Liegt ein Körper auf einer Balkenwaage, so neigt sie sich zu einer Seite.		
Ein Körper zieht andere Körper aus Eisen an.		

② **a)** Formuliere drei Aussagen über gemeinsame Eigenschaften aller Körper.

____

____

____

b) Formuliere drei Aussagen über unterschiedliche Eigenschaften aller Körper.

____

____

____

③ **Ordne nach Körper und Stoff.**

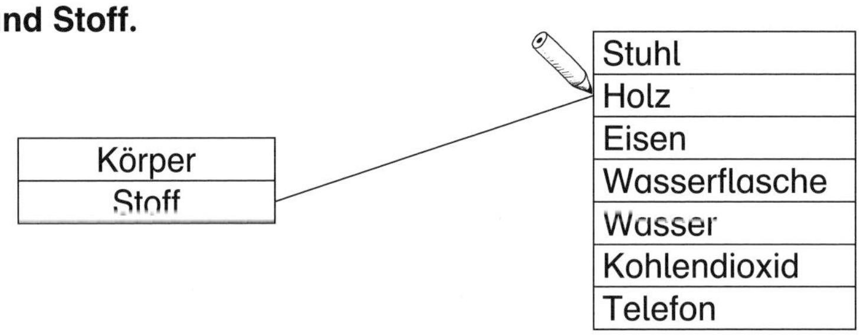

Formuliere eine allgemeine Aussage zu den beiden physikalischen Begriffen.

Körper ______________________________

Stoff ______________________________

Aufbau der Stoffe aus Teilchen

INFO

Warum kann ich die Luft in einer Luftpumpe zusammendrücken, jedoch einen Stein nicht? Warum fließt in Metallen ein elektrischer Strom?
Diese und andere Fragen kann man am besten mit dem **Teilchenmodell** erklären.
Wir gehen davon aus, dass **alle** Körper aus Teilchen bestehen. Die Atome (griechisch: *átomos*, unteilbar) galten sehr lange als die kleinsten Teilchen. Wir zeichnen sie als kleine Punkte.
In Wirklichkeit sehen diese kleinen Teilchen natürlich anders aus – deshalb ist es ein Modell.

❶ Wir unterscheiden bei Körpern die drei Aggregatzustände: fest, flüssig und gasförmig.

a) Nenne je zwei Beispiele.

feste Körper	flüssige Körper	gasförmige Körper
		Kohlendioxid

b) Zeichne für jeden Aggregatzustand die Anordnung der Teilchen.

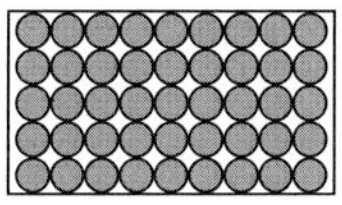

fester Körper

flüssiger Körper

gasförmiger Körper

c) Was kannst du jeweils über die Bewegung der Teilchen aussagen?

Die Teilchen haben einen festen Platz, um den sie schwingen.		

d) Was kannst du jeweils über die Kräfte zwischen den Teilchen aussagen?

	Es wirken starke Kräfte zwischen den Teilchen.	

e) Was kannst du über die Form der Körper aussagen?

		Die Form ist veränderlich und passt sich dem Gefäß an.

f) Was kannst du über das Volumen der Körper aussagen?

Das Volumen ist bestimmt. Die Körper lassen sich nicht zusammendrücken.		

Aufbau der Stoffe aus Teilchen

① **Oliver behauptet, dass die Vorstellung, „Alle Stoffe bestehen aus Teilchen", nicht korrekt ist. Was sagst du dazu? Begründe deine Aussage mithilfe der Definition.**

Ein Modell ist ein vereinfachtes Abbild der Wirklichkeit. Die wesentlichen Eigenschaften werden in dem Modell hervorgehoben.

② **Wir unterscheiden bei Körpern die drei Aggregatzustände: fest, flüssig und gasförmig.**

a) Nenne je zwei Beispiele.

feste Körper	flüssige Körper	gasförmige Körper

b) Zeichne für jeden Aggregatzustand die Anordnung der Teilchen.

c) Was kannst du jeweils über die Bewegung der Teilchen aussagen?

d) Was kannst du jeweils über die Kräfte zwischen den Teilchen aussagen?

e) Was kannst du über die Form der Körper aussagen?

f) Was kannst du über das Volumen der Körper aussagen?

Diffusion und Brownsche Bewegung

INFO

Diffusion ist das selbstständige Durchmischen von Teilchen verschiedener Stoffe.

Brownsche Bewegung ist die unregelmäßige Bewegung von ganz kleinen Teilchen.

❶ **Ordne zu.**

Brownsche Bewegung
Diffusion

Das Schaumbad verteilt sich ohne Rühren im ganzen Badewasser.
Die winzigen Fetttröpfchen der Milch wandern zickzackförmig durch die Milch.
Das Staubteilchen tanzt unregelmäßig durch das ganze Zimmer.
Das Parfüm riecht man im ganzen Raum.

❷ **Führe folgenden Versuch durch:**

kaltes Wasser warmes Wasser

Tropfe in jedes Glas ein wenig Tinte.

Beobachtung:

Erklärung:

❸ **Tristana möchte die Diffusion ausnutzen. Ab sofort legt sie am Morgen in ihre Tasse Tee nur das Stück Würfelzucker hinein und rührt nicht um.**

a) Was meinst du, wie süß wird ihr Tee schmecken?

b) Warum verteilt sich der Geruch von gutem Essen viel schneller im Raum?

Diffusion und Brownsche Bewegung

① **Entscheide, ob die Aussagen richtig oder falsch sind. Wenn du denkst, es handelt sich um eine falsche Aussage, dann schreibe dahinter, wie sie richtig heißt.**

Aussage	richtig	falsch	Die Aussage müsste richtig heißen:
Das Mischen von Teilchen verschiedener Stoffe heißt Diffusion.			
Die unregelmäßige Bewegung sichtbarer Teilchen heißt Brownsche Bewegung.			
Diffusion und Brownsche Bewegung treten in allen Stoffen auf.			
Diffusion und Brownsche Bewegung bestimmen Form und Volumen der Stoffe.			
Diffusion und Brownsche Bewegung sind experimentelle Beweise für den Aufbau der Stoffe aus Teilchen.			
Diffusion und Brownsche Bewegung sind experimentelle Beweise für die ständige Bewegung der Teilchen und deren Kräfte zwischen ihnen.			

② **Ordne zu.**

Brownsche Bewegung
Diffusion

Das Schaumbad verteilt sich ohne Rühren im ganzen Badewasser.
Die winzigen Fetttröpfchen der Milch wandern zickzackförmig durch die Milch.
Das Staubteilchen tanzt unregelmäßig durch das ganze Zimmer.
Das Parfüm riecht man im ganzen Raum.

③ **Tristana möchte die Diffusion ausnutzen. Ab sofort legt sie am Morgen in ihre Tasse Tee nur das Stück Würfelzucker hinein und rührt nicht um.**

a) Was meinst du, wie süß wird ihr Tee schmecken?

____

____

b) Welches Experiment zur Diffusion würdest du ihr vorschlagen?

____

____

Das Volumen von Körpern (1)

❶ Vervollständige den Lückentext mithilfe der Begriffe.

ml, l, cm^3, m^3 | Messzylinder | Raum | Rauminhalt

Das Volumen eines Körpers gibt an, wie viel __________ er einnimmt. Aus diesem Grund wird auch für das Volumen eines Körpers häufig das Wort ____________________ verwendet. Wir verwenden verschiedene Einheiten für das Volumen zum Beispiel: ______________. Das Volumen von Flüssigkeiten messen wir mit einem ____________.

❷ Überlege, welches Volumen zu welchem Gegenstand passt. Verbinde.

Volumen einer Tasse	15 ml
Volumen einer Salatschüssel	80 hl
Volumen eines Wassereimers	10 l
Volumen eines Pools	2,5 l
Volumen einer Spritze	250 ml

❸ Bestimme das Volumen eines Ziegelsteines.
Er ist 28 cm lang, 12 cm breit und 8 cm hoch.

V = Länge · Breite · Höhe

V = a · b · c

V = 28 cm · __________ · __________

V = __________ cm^3

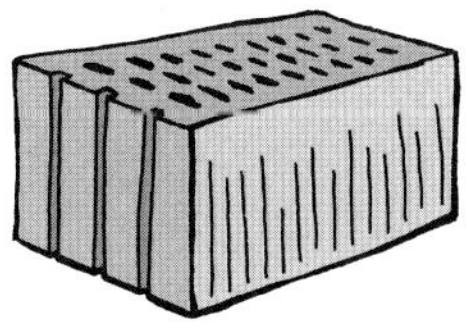

❹ Ein quaderförmiger Stein mit einem Volumen von 80 cm^3 kann folgende Maße haben. Vervollständige die erste Möglichkeit und gib eine zweite Möglichkeit an.

1. Möglichkeit: a = __________ b = 2 cm c = 2 cm

2. Möglichkeit: a = __________ b = __________ c = __________

Das Volumen von Körpern (2)

5 Rechne in die angegeben Einheiten um.

a) 5,5 m^3 = 5500 dm^3 = ________ cm^3

b) 45 000 mm^3 = 45 cm^3 = ________ dm^3

c) 640 cm^3 = ________ dm^3 = ________ l

d) 6,2 l = ________ dm^3 = ________ cm^3

e) 4 hl = ________ l = ________ ml

Tipp!
Umrechnungszahl
m^3, dm^3, cm^3, mm^3 = 1000
Aber: 1 l = 1 dm^3

6 Entscheide, ob folgende Aussagen wahr oder falsch sind. Kreuze an und begründe deine Entscheidung.

	☺	☹
1. Da Wasser beim Umfüllen von einem Glas in eine Tasse seine Form verändert, hat es auch ein unterschiedliches Volumen.	☐	☐
2. Wenn man die Luft mit der Luftpumpe in einen Fahrradreifen pumpt, ändert sich die Dichte der Luft.	☐	☐

7 Eine Aussage ist falsch. Kreuze sie an und berichtige.

☐ 750 ml = $\frac{3}{4}$ l ☐ 750 ml = 7,5 l ☐ 750 ml = 750 cm^3

8 Du möchtest das Volumen eines Steines bestimmen. Zur Verfügung steht folgender Versuchsaufbau.

Wie gelingt dir die Volumenbestimmung?

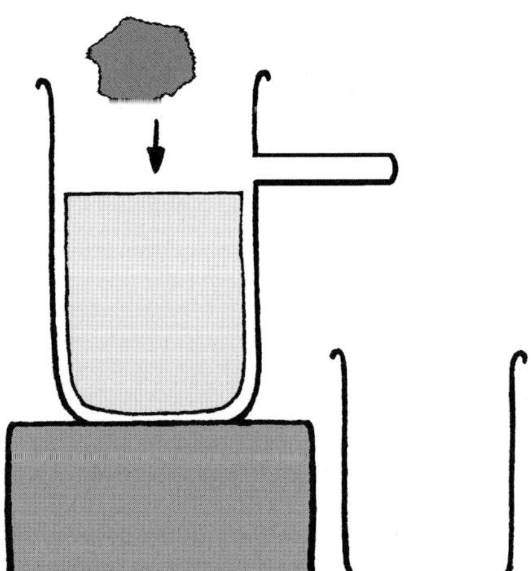

Ich lege den Stein in das Gefäß.
Der Stein verdrängt ________________ .
Das Wasser läuft über in ________________
________________ . Das Volumen des
übergelaufenen Wassers ist genauso groß wie
____
____
____

Das Volumen von Körpern (1)

① **Vervollständige den Lückentext.**

Das Volumen eines Körpers gibt an, wie viel ________________ er einnimmt. Aus diesem Grund wird auch für das Volumen eines Körpers häufig das Wort ____________________ verwendet. Wir verwenden verschiedene Einheiten für das Volumen zum Beispiel ______________________. Das Volumen von Flüssigkeiten messen wir mit einem ________________________.

② **Verbinde!**

Volumen einer Tasse	15 ml
Volumen einer Salatschüssel	80 hl
Volumen eines Wassereimers	10 l
Volumen eines Pools	2,5 l
Volumen einer Spritze	250 ml

③ **Bestimme das Volumen eines Ziegelsteines. Er ist 28 cm lang, 12 cm breit und 8 cm hoch.**

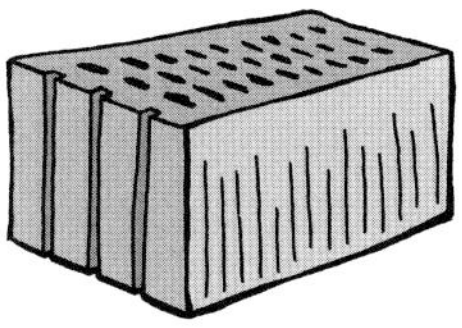

④ **Wenn man den Ziegelstein genau in der Mitte durchsägt, wie verändert sich dann seine Dichte?**

____

⑤ **Welche Maße kann ein quaderförmiger Stein mit einem Volumen von 80 cm^3 haben? Gib zwei Möglichkeiten an.**

1. Möglichkeit: a = ___________ b = ___________ c = ___________

2. Möglichkeit: a = ___________ b = ___________ c = ___________

⑥ **Rechne in die angegeben Einheiten um.**

a) 5,5 m^3 = ______________ dm^3 = ______________ cm^3

b) 45 000 mm^3 = ______________ cm^3 = ______________ dm^3

c) 4 hl = ______________ l = ______________ ml

d) 6,2 l = ______________ dm^3 = ______________ cm^3

e) 640 cm^3 = ______________ dm^3 = ______________ l

⑦ **Entscheide, ob folgende Aussagen wahr oder falsch sind. Begründe deine Entscheidung!**

	☺	☹
a) Da Wasser beim Umfüllen von einem Glas in eine Tasse seine Form verändert, hat es auch ein unterschiedliches Volumen.	☐	☐
b) Wenn man die Luft mit der Luftpumpe in einen Fahrradreifen pumpt, ändert sich die Dichte der Luft.	☐	☐

c) *Begründung:* ______________________________

____

____

⑧ **Kreuze falsche Aussagen an und berichtige sie.**

☐ **a)** 750 ml = $\frac{3}{4}$ l ☐ **b)** 750 ml = 0,75 dm³ ☐ **c)** 750 ml = 7,5 l ☐ **d)** 750 ml = 750 cm³

⑨ **Skizziere und beschrifte einen Versuchsaufbau, mit dem man das Volumen eines unregelmäßig geformten Steines bestimmen kann.**

⑩ **a)** Wie viel Kubikzentimeter fehlen 2,65 dm³ zu 3 dm³?

____

b) Wie viel Milliliter fehlen 50 ml zu 1 Liter?

____

c) Wie viel Liter fehlen 3,85 m³ zu 4 m³?

____

⑪ **Luisa und Nils haben im Garten große Kürbisse geerntet. Sie wollen mit dem größten Kürbis das Kürbisfest gewinnen. Mehrere Kürbisse sehen gleich groß aus. Kannst du ihnen helfen, den Kürbis mit dem größten Volumen herauszufinden? Beschreibe dein Verfahren.**

____

____

____

⑫ **Wie viel Milliliter ist ein Nanoliter?**

____

____

____

Die Masse eines Körpers

❶ Vervollständige den Lückentext.

mg, g, kg | schwer | gleich | Waage

Die Masse eines Körpers gibt an, wie ____________________ er ist. Wir verwenden verschiedene Einheiten für die Masse zum Beispiel _________________________.

Die Masse der Körper bestimmen wir mit einer _________________________.

Die Masse eines Körpers ist auf der Erde und auf dem Mond ________________.

❷ Es sollen die Massen eines Briefes, eines Kindes und eines PKWs gemessen werden. Welche Waagen würdest du jeweils benutzen?

____

____

____

____

❸ Angenommen ein Elefant von der Erde besucht den Mond. Was wäre für ihn gleich, was wäre unterschiedlich? Ordne zu.

Farbe | Volumen | seine äußere Form | Gewichtskraft | Masse

Gemeinsamkeiten	Unterschiede

❹ Überlege, welche Masse zu welchem Gegenstand passt. Verbinde.

Masse eines Apfels
Masse eines Fußballs
Masse eines Elefanten
Masse eines Schulranzens
Masse eines Autos

850 kg
8 000 g
35 dt
0,4 kg
100 g

Die Masse eines Körpers

① **Vervollständige den Lückentext.**

Die Masse eines Körpers gibt an, wie ____________________ er ist. Wir verwenden verschiedene Einheiten für die Masse, zum Beispiel __________________________.

Die Masse der Körper bestimmen wir mit einer __________________________.

Die Masse eines Körpers ist auf der Erde und auf dem Mond ________________.

② **Es sollen die Massen eines Briefes, eines Kindes und eines PKWs gemessen werden. Welche Waagen würdest du jeweils benutzen?**

____

____

____

____

③ **Angenommen ein Elefant von der Erde besucht den Mond. Was wäre für ihn gleich, was wäre unterschiedlich?**

Gemeinsamkeiten	Unterschiede

④ **Wie viel Gramm fehlen 3,75 kg bis zu 5 kg?**

____

⑤ **Verbinde!**

Masse eines Apfels	850 kg
Masse eines Fußballs	8 000 g
Masse eines Elefanten	35 dt
Masse eines Schulranzens	0,4 kg
Masse eines Autos	100 g

⑥ **Wie viel Kilogramm ist ein Megagramm?**

____

Die Dichte von Körpern (1)

INFO

Die **Dichte** ist eine Eigenschaft von **Körpern**. Sie gibt an, welche Masse m jeweils ein Kubikzentimeter **(cm³)** des Stoffes hat.

Formelzeichen: ρ (sprich: **rho**) Berechnung: $\rho = \frac{m}{V}$ Einheit: $1 \frac{g}{cm^3}$

Beispiele:

Aluminium: $2{,}7 \frac{g}{cm^3}$ Kupfer: $8{,}96 \frac{g}{cm^3}$ Styropor: $0{,}03 \frac{g}{cm^3}$ Silber: $10{,}5 \frac{g}{cm^3}$ Wasser: $1 \frac{g}{cm^3}$

❶ **Schlussfolgere und vergleiche.**

Die Aussage *Aluminium hat eine Dichte von* $2{,}7 \frac{g}{cm^3}$ heißt, dass Aluminium mit:

einem Volumen von **1 cm³** eine Masse von **2,7 g**,
einem Volumen von 2 cm³ eine Masse von $2 \cdot 2{,}7$ g = 5,4 g und
einem Volumen von 3 cm³ eine Masse von $3 \cdot 2{,}7$ g = 8,1 g hat.

Ein Körper aus Kupfer mit einem Volumen von 1 cm³ hat eine Masse von ________.

Er ist bei gleichem Volumen schwerer als ____________.

Ein Körper aus Styropor mit einer Masse von 0,03 g hat ein Volumen von __________ cm³.

❷ **Vervollständige.**

Aluminium	*Kupfer*	*Styropor*	*Silber*	*Wasser*
V = 1 cm³	V = 2 cm³	V = ___ cm³	V = 10 cm³	V = ___ cm³
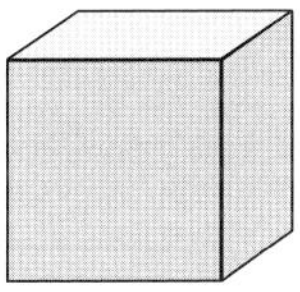	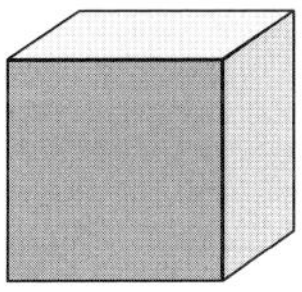	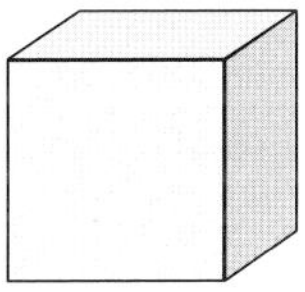	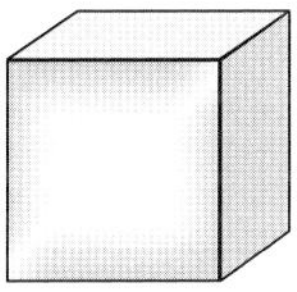	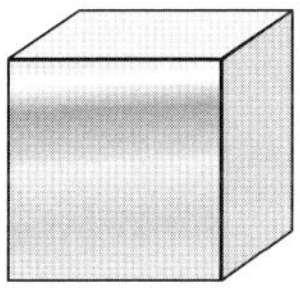
m = _____ g	m = _____ g	m = 3 g	m = _____ g	m = 100 g

❸ **Ordne die Zahlen den physikalischen Größen *Masse, Volumen* und *Dichte* zu.**

Ein Goldbarren ($\rho = 19{,}3 \frac{g}{cm^3}$) ist ungefähr 1,5 kg schwer und nimmt einen Raum von 80 cm³ ein.

Masse m = __________ Volumen V = __________ Dichte ρ = __________

❹ **Stahl hat eine Dichte von $7{,}8 \frac{g}{cm^3}$. Vervollständige folgende Tabelle.**

Volumen	Masse
2 cm³	$2\ cm^3 \cdot 7{,}8 \frac{g}{cm^3}$ = ______ g
	78 g
5 cm³	
	390 g

Die Dichte von Körpern mit Hilfekärtchen (2)

5 Ein 650 g schwerer Stein verdrängt im Wasser 250 ml. Welche Dichte hat dieser Stein?

Hilfekärtchen!

6 Konnte Hans im Glück den für seine Arbeit erhaltenen Klumpen aus Gold tragen? In dem Märchen heißt es, dass er so groß war, wie sein Kopf, also ca. 4 dm^3.

Hilfekärtchen!

(*Dichte Gold:* $\rho = 19{,}3\,\frac{g}{cm^3}$)

7 Warum schichten sich hier die Milch, der Kaffe und der Milchschaum?

____

____

____

____

____

____

8 Ordne folgende Stoffe nach ihrer Dichte: Wasser, Silber, Luft, Benzin und Kupfer. Beginne mit dem Stoff der kleinsten Dichte.

__________ < __________ < __________ < __________ < __________

Tipp!
Nutze ein Tafelwerk oder finde die Angaben im Internet.

Die Dichte von Körpern (1)

① **Die drei abgebildeten Körper haben das gleiche Volumen. Nun soll festgestellt werden, welcher Körper aus dem Stoff mit der größten Dichte und welcher aus dem Stoff mit der kleinsten Dichte besteht. Als Hilfsmittel steht eine Balkenwaage zur Verfügung. Wie würdest du vorgehen?**

(1)

(2)

(3)

____

____

____

____

② **Vervollständige folgende Sätze mit den Wörtern *größere* oder *kleinere*.**

Bei gleich großem Volumen hat der Körper mit der ______________ Masse die größere Dichte.

Bei gleicher Masse hat der Körper mit dem ______________ Volumen die größere Dichte.

③ **Ordne die Zahlen den physikalischen Größen zu.**

Ein Goldbarren ($\rho = 19{,}3\,\frac{g}{cm^3}$) ist ungefähr 1,5 kg schwer und nimmt einen Raum von 80 cm^3 ein.

Masse = ____________ Volumen = ____________ Dichte = ____________

④ **Stahl hat eine Dichte von $7{,}8\,\frac{g}{cm^3}$. Vervollständige folgende Tabelle.**

Volumen in cm^3	Masse in g
2	
	78
5	
	390

⑤ **Die Aussage Aluminium hat eine Dichte von $2{,}7\,\frac{g}{cm^3}$ heißt, dass** ______________________

____

Die Dichte von Körpern (2)

⑥ **Ein 650 g schwerer Stein verdrängt im Wasser 250 ml. Welche Dichte hat dieser Stein?**

⑦ **Konnte Hans im Glück den für seine Arbeit erhaltenen Klumpen aus Gold tragen? In dem Märchen heißt es, dass er so groß war, wie sein Kopf, also ca. 4 dm³.**

(*Dichte Gold:* $\rho = 19{,}3 \frac{g}{cm^3}$)

⑧ **Warum schichten sich hier die Milch, der Kaffe und der Milchschaum?**

____

____

____

____

____

____

⑨ **Ordne folgende Stoffe nach ihrer Dichte: Wasser, Silber, Luft, Benzin und Kupfer. Beginne mit dem Stoff der kleinsten Dichte.**

__________ < __________ < __________ < __________ < __________

Tipp!
Nutze ein Tafelwerk.

Heureka – Ich habe es gefunden!

Überschwängliche Freude erfüllte Archimedes als er aus dem Bade sprang, nackt nach Hause lief und freudig „**Heureka, heureka!**" rief. Das bedeutet „Ich habe es gefunden!"
Doch was hat er gefunden? Und warum seine unbeschreibliche Freude?

Der König Hieron II von Syrakus (regierte 269–215 v. Chr.) bekam von seinem Goldschmied eine neue Krone. **Die neue Krone war genauso schwer wie die alte Goldkrone, jedoch viel zu groß.** Da wurde der König misstrauisch und beauftrage Archimedes die Krone zu untersuchen. Archimedes grübelte darüber lange nach. Die Frage ließ ihm Tag und Nacht keine Ruhe. **Als er in das vollgefüllte Badebecken stieg, lief das Wasser über den Rand und genau in diesem Moment hatte er die Idee.** Voller Freude sprang er aus dem Bade, lief nackt nach Hause. „Heureka, heureka!".

Zu Hause legte er zuerst die neue Krone in das Wasserbecken und fing das übergelaufene Wasser auf. Anschließend nahm er die alte gleichschwere Goldkrone und legte sie ebenfalls in das Wasserbecken. Wieder fing er das übergelaufene Wasser auf. Nun verglich er die übergelaufenen Wassermengen und stellte fest, dass **die neue Krone mehr Wasser verdrängt hat**. Folglich nahm die neue Krone mehr Raum ein als die alte Goldkrone. Was hatte der Goldschmied gemacht?

Archimedes wusste, dass **ein Silberbarren und ein Goldbarren zwar gleich schwer sind, jedoch der Silberbarren einen viel größeren Raum einnimmt**. Der Goldschmied hatte billiges Silber in das Gold der neuen Krone gemischt. Sie wurde nun viel größer als die alte Goldkrone. Archimedes berichtete von seinen Erkenntnissen dem König und dieser war ihm sehr dankbar.

❶ Was beunruhigte den König an seiner neuen Krone? Was hatte er erwartet?

❷ In der Abbildung siehst du einen Silberbarren und einen Goldbarren mit gleicher Masse. Welches ist der Goldbarren, welches der Silberbarren? Begründe deine Entscheidung.

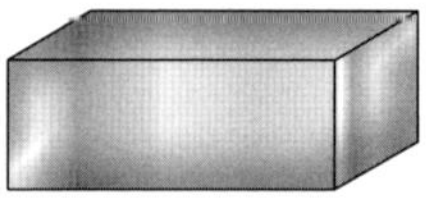 ____________

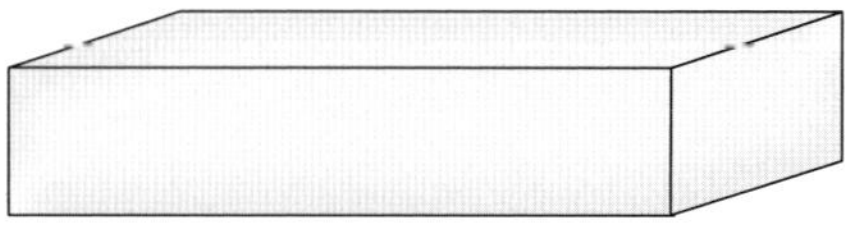 ____________

❸ Sally bekommt von ihrer Oma einen silberfarbenen Löffel. Mit dem Überlaufverfahren hat sie das Volumen V = 9 cm³ bestimmt. Welche Masse m müsste der Löffel haben?

$m = \rho \cdot V$

a) wenn er aus Silber ist? (Dichte Silber: $\rho = 10{,}5 \frac{g}{cm^3}$)

b) wenn er aus Aluminium ist? (Dichte Aluminium: $\rho = 2{,}7 \frac{g}{cm^3}$)

Heureka – Ich habe es gefunden!

Überschwängliche Freude erfüllte Archimedes, als er aus dem Bade sprang, nackt nach Hause lief und freudig „Heureka, heureka!" rief. Das bedeutet: „Ich habe es gefunden."

Doch was hat er gefunden? Und warum löste es eine so unbeschreibliche Freude bei ihm aus?

Archimedes war ein sehr berühmter und bekannter Gelehrter. Selbst der König Hieron II von Syrakus (reg. 269–215 v. Chr.) wusste von ihm und seinen genialen Erfindungen. Als er eine neue Krone bekam, seinem Goldschmied jedoch nicht traute, beauftragte er Archimedes herauszufinden, ob die Krone aus reinem Gold besteht. Archimedes grübelte darüber sehr lange nach. Er konnte ja die Krone nicht aufschneiden oder einschmelzen. Die Frage ließ ihm Tag und Nacht keine Ruhe. Als er in das vollgefüllte Badebecken stieg, lief das Wasser über den Rand und genau in diesem Moment hatte er die Idee.

Er wusste, zwei Goldbarren gleicher Masse, aber unterschiedlicher Form müssten gleich viel Wasser überlaufen lassen. Er wusste auch, dass ein Goldbarren viel kleiner ist als ein gleichschwerer Silberbarren.

Wenn er folglich einen Goldklumpen mit der gleichen Masse wie die Krone in das Becken tauchte, müsste genauso viel Wasser überlaufen wie bei der Krone vom König. Aufgeregt sprang er aus dem Bade und rannte los: „Heureka, heureka!" Da hatte er jedoch vergessen, sich etwas überzuziehen.

Zu Hause ließ er zuerst die Krone in das Wasserbecken und fing das übergelaufene Wasser auf. Anschließend wiederholte er den Versuch mit der gleichen Masse reinen Goldes. Nun verglich er die übergelaufenen Wassermengen und stellte fest, dass die Krone mehr Wasser verdrängt hatte. Er schlussfolgerte, dass die Krone mehr Raum einnimmt als das reine Gold. Der Goldschmied wird wahrscheinlich billigeres Silber in das Gold der Krone gemischt haben.

Archimedes berichtete dem König von seinen Erkenntnissen und dieser war ihm sehr dankbar.

① **Beschreibe das von Archimedes gefundene Verfahren.**

② **Welche Schlussfolgerungen auf die Dichte der Stoffe können daraus gezogen werden?**

③ **Sally bekommt von ihrer Oma einen silberfarbenen Löffel. Mit dem Überlaufverfahren hat sie das Volumen von ungefähr 9 cm³ bestimmt. Welche Masse müsste der Löffel haben,**

a) wenn er aus Silber wäre? (Dichte Silber: $10{,}5\,\frac{g}{cm^3}$)

b) wenn er aus Aluminium wäre? (Dichte Aluminium: $2{,}7\,\frac{g}{cm^3}$)

Heureka – Das Experiment für den König

Führe ein Experiment durch, mit dem du dem König von Syrakus zeigen könntest, dass in die neue Krone noch ein anderer Stoff gemischt wurde.

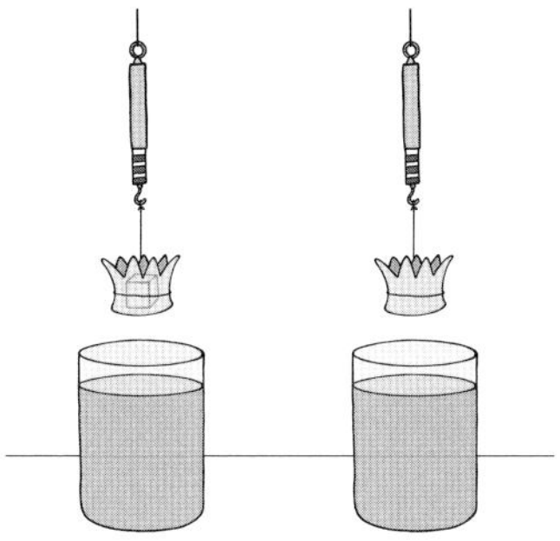

Materialien: Knete
Kleiner Holzwürfel
Waage
Überlaufgefäß mit Messbecher

Forme zuerst aus der Knete zwei Kronen. Die eine Krone soll nur aus Knete bestehen, in der zweiten Krone soll ein kleiner Holzwürfel enthalten sein.

Achte darauf, dass beide Kronen gleich schwer sind.

Bestimme die Masse beider Kronen und trage dein Messergebnis in die Tabelle ein.

Körper	Krone aus Knete	Krone mit Knete und Holzwürfel
Masse in g		
Volumen in cm^3		

Bestimme nun mit dem Überlaufgefäß jeweils das Volumen der beiden Kronen. Trage die Ergebnisse in die Tabelle ein.

Was stellst du fest?

____

____

Schreibe dem König einen Brief mit deinen Ergebnissen und Schlussfolgerungen.
Achte auf eine höfliche Anrede und saubere Form ☺.

Benutze folgende Begriffe: Volumen | Masse | Dichte

____

____

____

____

____

____

Lernzielkontrolle (1)

❶ **Annette schreibt Eigenschaften der hier abgebildeten Körper auf Zettel. Ergänze 3 weitere Eigenschaften dieser Körper.**

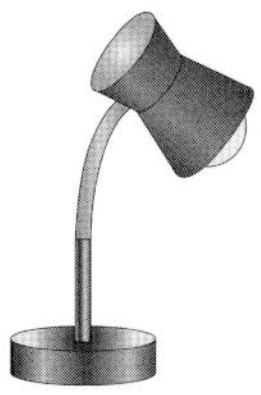

Geruch | Teilchenaufbau | gasförmig

Form | Masse | flüssig | magnetisch

❷ **Ordne die Eigenschaften in die Tabelle ein.**

Gemeinsame Eigenschaften	Unterschiedliche Eigenschaften

❸ **Vervollständige die Tabelle.**

Aggregatzustand			
Beispiel		Wasser	
Aufbau			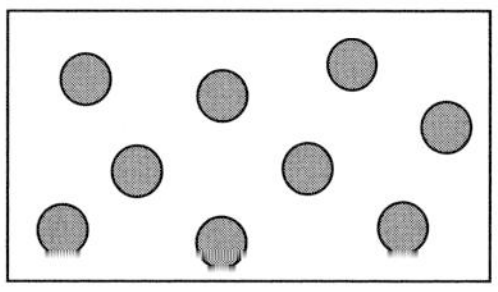
Bewegung der Teilchen	schwingen um einen festen Platz		

❹ **Entscheide, welche der Aussagen wahr oder falsch sind.**

a) Presst man die Luft in der Luftpumpe zusammen, so wird die Dichte größer.

____

b) Sägt man einen Holzwürfel in der Mitte durch, so halbiert sich seine Dichte.

____

❺ In einem Juweliergeschäft wird ein Goldwürfel mit einer Kantenlänge von a = 3 cm angeboten. Er hat eine Masse m von 120 g.
Ist der Würfel aus reinem Gold?

a) Berechne zuerst das Volumen V des Würfels.

Würfel: Länge = Breite = Höhe

$V = a \cdot a \cdot a = a^3$

V = 3 cm · ______ · ______

V = ____________ cm^3

b) Bestimme nun die Masse m, die der goldene Würfel haben müsste und vergleiche.

Masse = Dichte · Volumen

$m = \rho \cdot V$

m = ______ · ______

m = ____________ g

Dichte Gold: $\rho = 19{,}3\,\frac{g}{cm^3}$

Vergleich:

❻ Vor dir liegen ein Holzwürfel und ein Stahlwürfel. Sie sind gleich schwer. Kreuze die richtige Aussage an.

☐ Beide Würfel haben auch das gleiche Volumen.

☐ Der Holzwürfel hat das größere Volumen.

☐ Der Holzwürfel hat das kleinere Volumen.

Begründe deine Entscheidung: ____

____

____

❼ Vervollständige.

Eisen	*Zink*	*Quecksilber*	*Ethanol*
$\rho = 7{,}8\,\frac{g}{cm^3}$	$\rho = 7{,}1\,\frac{g}{cm^3}$	$\rho = 13{,}5\,\frac{g}{cm^3}$	$\rho = 0{,}79\,\frac{g}{cm^3}$
$V = 1\ cm^3$	$V = 10\ cm^3$	V = ______ cm^3	V = ______ cm^3
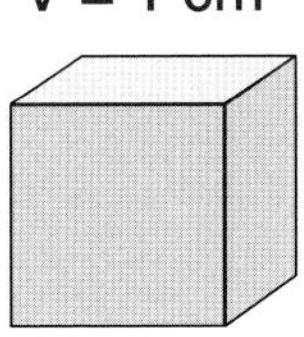	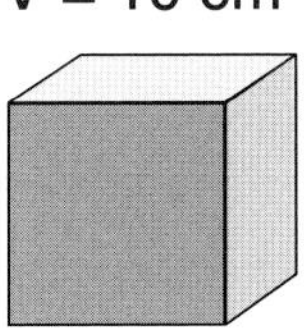	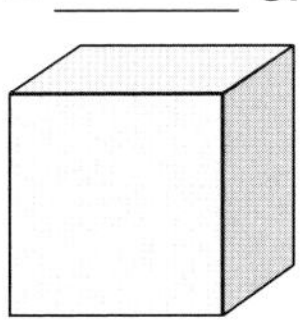	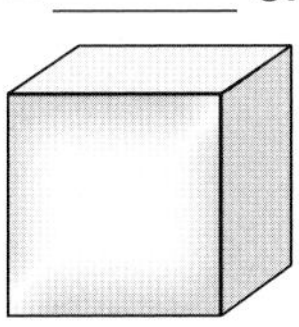
m = _____ g	m = _____ g	m = 40,5 g	m = 79 g

Lernzielkontrolle (1)

① **Vervollständige den Lückentext.**

Körper sind ______________________. Sie kommen in drei Aggregatzuständen vor: ________________, ________________ und ________________. Eine bestimmte Form haben nur die ________________ Körper. Zusammendrücken kann man nur die ____________, denn sie haben ein ______________ Volumen. Auf der Erde und auf dem Mond haben alle Körper die gleiche ________________.

② **Welche Eigenschaften haben die hier abgebildeten Körper gemeinsam?**

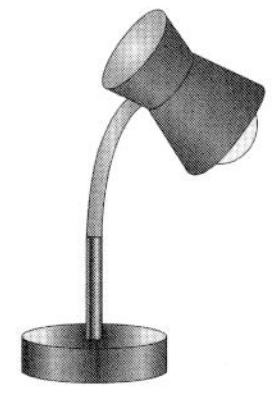

____

____

Wodurch unterscheiden sie sich?

____

____

③ **Vervollständige die Tabelle.**

Aggregatzustand			
Beispiel			*Wasser*
Aufbau	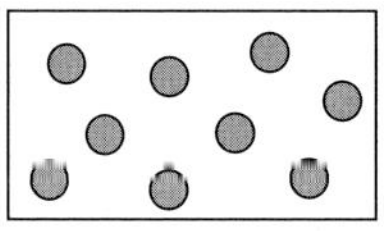		
Bewegung der Teilchen		*Sie schwingen um einen festen Platz.*	

④ **Entscheide, welche der Aussagen wahr, welche falsch ist.**

a) Presst man einen Körper auf die Hälfte seines Volumens zusammen, so verdoppelt sich die Dichte. ____

b) Sägt man einen Körper in der Mitte durch, so halbiert sich seine Dichte.

____

Lernzielkontrolle (2)

⑤ **In einem Juweliergeschäft wird ein Goldwürfel von 2 cm Kantenlänge angeboten. Er wiegt 120 g. Ist der Würfel aus reinem Gold?**

(Dichte Gold: $\rho = 19{,}3 \frac{g}{cm^3}$)

a) Berechne zuerst das Volumen des Würfels.

b) Bestimme nun die Masse, die der Würfel haben müsste und vergleiche.

⑥ **Vergleiche Holz und Stahl. Kreuze an.**
Bei gleicher Masse ...

- ☐ haben Holz und Stahl das gleiche Volumen.
- ☐ hat Holz das größere Volumen.
- ☐ hat Holz das kleinere Volumen.

Begründe deine Entscheidung.

⑦ **Eine Kugel beim Kugelstoßen der Frauen hat ungefähr ein Volumen von ca. 500 cm^3. Sie besteht aus Eisen mit einer Dichte von $7{,}8 \frac{g}{cm^3}$. Wie groß ist ihre Masse?**

a) 3 900 000 mg b) 39 000 g c) 3,9 kg d) 0,00039 t

Die Bewegung eines Körpers

INFO

Alle Körper bewegen sich **relativ gegenüber** einem Bezugskörper: *Ein Auto bewegt sich gegenüber der Schule, gegenüber dem Fahrer befindet es sich in Ruhe.*

❶ Vervollständige den Lückentext.

Die Inlinefahrerin bewegt sich relativ gegenüber ______________________.

Sie befindet sich in Ruhe gegenüber ______________________.

INFO

Die Bahnform bestimmt die **Bewegungsform**:
geradlinige Bewegung – *100 Meter Läufer*, Kreisbewegung – *Uhrzeiger*, Schwingung – *Uhrpendel*

❷ Ordne den Bildern eine Bewegungsform zu.

INFO

Die Art der Bewegung bestimmt die **Bewegungsart**:

gleichförmige Bewegung: Geschwindigkeit ist konstant – *Förderband*
beschleunigte Bewegung: Geschwindigkeit nimmt zu – *Losfahren mit dem Fahrrad*
verzögerte Bewegung: Geschwindigkeit nimmt ab – *Bremsen eines Autos*

❸ Schreibe die drei Bewegungsarten in die Kästchen links und verbinde jeweils mit dem passenden Beispiel rechts.

Raketenstart
Rolltreppe
Flugzeuglandung
Förderband auf dem Flughafen
Anfahren einer Lok
Anhalten einer Lok

Die Bewegung eines Körpers

① **Vervollständige den Lückentext.**

Alle Körper bewegen sich relativ gegenüber einem ____________________.

Die Inlinefahrerin bewegt sich relativ gegenüber ____________________.

Sie befindet sich in Ruhe gegenüber ____________________.

② **Marco sitzt in einem Zug und schaut auf einen zweiten Zug auf dem Nachbargleis. Kann Marco mit Sicherheit sagen, dass sein Zug fährt? Begründe.**

____

____

____

③ **Ordne den Bildern eine Bewegungsform zu.**

____

____

____

④ **Schreibe die drei Bewegungsarten in die Kästchen links und verbinde jeweils mit einem passenden Beispiel rechts.**

Raketenstart
Rolltreppe
Flugzeuglandung
Förderband auf dem Flughafen
Anfahren einer Lok
Anhalten einer Lok

Die Geschwindigkeit eines Körpers

INFO

Die Geschwindigkeit eines Körpers gibt an, wie schnell er sich bewegt.

Formelzeichen: v Einheit: $\frac{m}{s}$; $\frac{km}{h}$

Beispiele:

PKW im Ort: $50\frac{km}{h}$ Zug: $250\frac{km}{h}$ Fußgänger: $1{,}2\frac{m}{s}$ Licht: $300\,000\frac{km}{s}$ Schall: $340\frac{m}{s}$

❶ Schlussfolgere.

☐ Die Aussage *ein PKW fährt mit einer Geschwindigkeit von 50*$\frac{km}{h}$ heißt, dass der PKW in der Zeit t von 1 Stunde einen Weg s von 50 km,

in der Zeit t von 2 Stunden einen Weg s von 100 km und

in der Zeit t von 3 Stunden einen Weg s von ______ km zurücklegt.

☐ Für einen Weg s von 500 km würde er eine Zeit t von ______ h benötigen.

☐ Für einen Weg s von 25 km würde er eine Zeit t von ______ h benötigen.

❷ Vervollständige.

PKW im Ort	*Zug*	*Fußgänger*	*Licht*	*Schall*
t = 1 h	t = 2 h	t = ______ s	t = 1 s	t = ______ s
				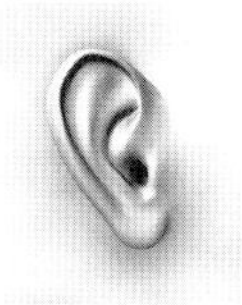
s = _____ km	s = _____ km	s = 12 m	s = _____ km	s = 680 m

❸ Ordne die Zahlen den physikalischen Größen *Zeit, Weg* und *Geschwindigkeit* zu.

Ein Passagierflugzeug ($v = 900\frac{km}{h}$) fliegt in 5 Stunden ungefähr 4 500 km weit.

Zeit t = __________ Weg s = __________ Geschwindigkeit v = __________

❹ Rebecca fährt Fahrrad mit einer Geschwindigkeit *v* von $7\frac{m}{s}$. Vervollständige.

Weg s	Zeit t
35 m	7 m in 1 s → 35 m in 5 s
	10 s
210 m	
	100 s

Die gleichförmige Bewegung

❶ **Vervollständige.**

doppelten	Hälfte	Laufband	Geschwindigkeit

Unter einer gleichförmigen Bewegung verstehen wir die Bewegung bei konstanter

______________________, zum Beispiel ein ______________________.

Bewegt sich ein Körper gleichförmig, so legt er in der doppelten Zeit auch den

______________________ Weg zurück. Für die Hälfte des Weges benötigt er die

______________________ der Zeit.

❷ **Rebecca stellt auf ein Förderband jede Sekunde eine Flasche.**

a) Sie vergleicht den Abstand zwischen den Flaschen (<; >; =). Was stellt sie fest?

____

b) Sie bestimmt mit dem Lineal den Abstand vom Start zur 1. Flasche: s = 0,5 m.

Welche Abstände s misst Rebecca vom Start zur:

2. Flasche s =   m   3. Flasche s =   m   5. Flasche s =   m

c) Welche Zeit t benötigt das Förderband für:

2 m: t = ______ s   4 m: t = ______ s   6 m: t = ______ s

d) Zum Schluss überlegt Rebecca. Kreuze die richtige Antwort an.

Wenn das Förderband doppelt so lange fährt, dann ist der Weg

- ☐ doppelt so lang,
- ☐ halb so lang
- ☐ gleich lang.

Wenn das Förderband den doppelten Weg in gleicher Zeit zurücklegt, dann ist die Geschwindigkeit

- ☐ doppelt so groß
- ☐ halb so groß
- ☐ gleich groß.

Die gleichförmige Bewegung

① **Vervollständige!**

Unter einer gleichförmigen Bewegung verstehen wir die Bewegung bei konstanter

______________________, zum Beispiel ___________________________. Bewegt sich ein

Körper gleichförmig, so legt er in der doppelten Zeit auch ______________________ Weg

zurück. Für die Hälfte des Weges benötigt er die ____________________ Zeit.

② **Entscheide, ob folgende Aussagen wahr oder falsch sind. Begründe deine Entscheidung.**

a) Ein Auto bewegt sich gleichförmig, wenn es immer die gleiche Strecke zurücklegt.

b) Ein Auto bewegt sich gleichförmig, wenn es für den 5-fachen Weg die 5-fache Zeit benötigt.

Zu a) ____

____

Zu b) ____

____

③ **Kreuze die richtige Antwort an.**

a) Wenn man bei gleicher Geschwindigkeit doppelt so lange fährt, dann ist der Weg

- ☐ doppelt so lang.
- ☐ halb so lang.
- ☐ gleich lang.

b) Wenn man den doppelten Weg in gleicher Zeit zurücklegt, dann ist die Geschwindigkeit

- ☐ doppelt so groß.
- ☐ halb so groß.
- ☐ gleich groß.

④ **Rebecca fährt Fahrrad mit einer Geschwindigkeit von $7\,\frac{m}{s}$. Vervollständige.**

Weg in m	Zeit in s
35	
	10
210	
	100

Berechnung der Geschwindigkeit für gleichförmige Bewegungen

INFO

Wenn die Geschwindigkeit eines Körpers **konstant** ist, gilt:

$$\text{Geschwindigkeit} = \frac{\text{Weg}}{\text{Zeit}}$$

kurz: $v = \frac{s}{t}$ $\quad s = v \cdot t$ $\quad$ und $\quad t = \frac{s}{v}$

Umrechnung der Einheiten: $1\,\frac{m}{s} = 3{,}6\,\frac{km}{h}$ $\quad 1\,\frac{km}{h} = \frac{1}{3{,}6}\,\frac{m}{s}$

❶ **Tom fährt 2400 m mit dem Fahrrad zur Schule. Für diesen Weg benötigt er ungefähr 6 Minuten und 40 Sekunden.**
Berechne seine Geschwindigkeit v in $\frac{m}{s}$ und $\frac{km}{h}$.

$v = \frac{\text{Weg}}{\text{Zeit}} = \frac{s}{t}$

$v =$ -------------- $= \frac{m}{s}$

$v =$ __________ $= \frac{m}{s}$

TIPP: 6 Minuten und 40 Sekunden umrechnen in Sekunden.

❷ **Ein Mauersegler kann mit einer Geschwindigkeit v von $10\,\frac{m}{s}$ fliegen.**
Welchen Weg s legt er dann in einer Zeit t von 5 Minuten zurück?

$s = \text{Geschwindigkeit} \cdot \text{Zeit} = v \cdot t$

$s = 10\,\frac{m}{s} \cdot$ __________

$s =$ __________ m

TIPP: 5 Minuten umrechnen in Sekunden.

❸ **Ein Rennpferd läuft mit einer Geschwindigkeit v von $54\,\frac{km}{h}$.**
Wie viel Zeit t benötigt es auf einer 1800 m langen Galopprennbahn?

$t = \frac{\text{Weg}}{\text{Geschwindigkeit}} = \frac{s}{v}$

$t =$ -------------- $\frac{m}{m/s}$

$t =$ __________ s

TIPP: $54\,\frac{km}{h}$ umrechnen in $\frac{m}{s}$.

Lösungen: 6; 15; 120; 300; 400; 3 000

Arbeit mit Diagrammen (1)

❶ Marvin und Marco fahren mit einer Rolltreppe, die sich mit einer Geschwindigkeit von 0,5 $\frac{m}{s}$ bewegt.

a) Vervollständige folgende Wertetabelle.

Zeit in s	0	1	2		10
Weg in m	0	0,5		2	

b) Trage die Messwerte aus der Tabelle in das Weg-Zeit-Diagramm. Verbinde.

Weg-Zeit-Diagramm

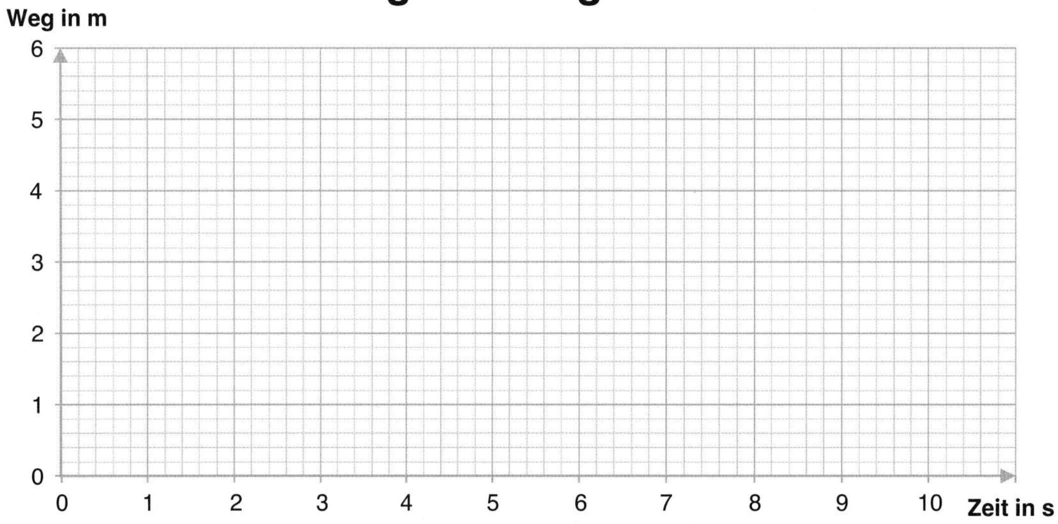

c) Marvin zählt 20 Sekunden, die er mit der Rolltreppe fährt.
Wie lang ist danach die Rolltreppe?

____

d) Marco hat mit einem Maßband eine Länge von 15 Metern gemessen.
Wie lange fahren die beiden nach diesem Messwert?

____

e) Beide erhalten unterschiedliche Ergebnisse.
Welche Messfehler können sie gemacht haben?

____

f) Dave behauptet, dass die Rolltreppe in Berlin viel schneller ist, da sie die 25 Meter in 20 Sekunden zurücklegt. Stimmt das?

____

____

TIPP:
Vergleiche den zurückgelegten Weg nach 20 Sekunden.

❷ Von einem Wettkampf eines Sportlers hat Sarah folgendes Diagramm angelegt.

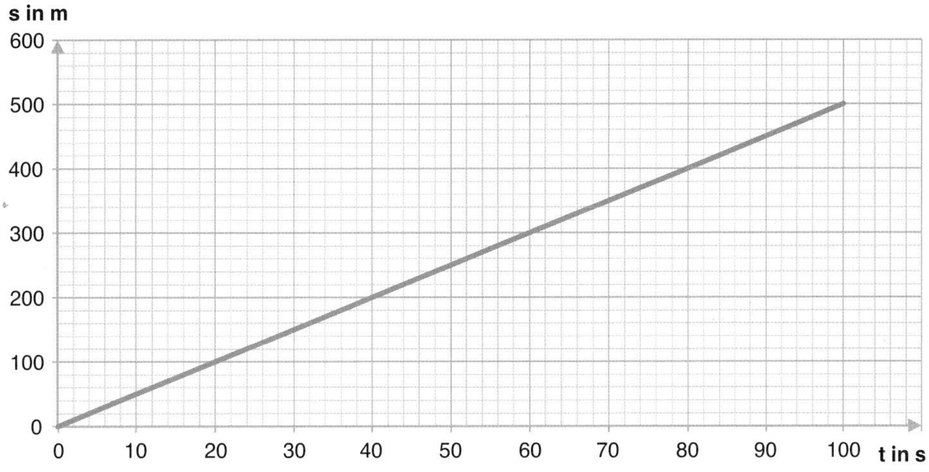

a) In ihrer Messwerttabelle sind einige Werte verloren gegangen. Vervollständige.

Zeit in s	0	20	30	40			
Weg in m					300	350	400

b) Bestimme den zurückgelegten Weg nach jeweils 10 Sekunden.

0 Sekunden bis 10 Sekunden: ____ m 10 Sekunden bis 20 Sekunden: ____ m

20 Sekunden bis 30 Sekunden: ____ m 30 Sekunden bis 40 Sekunden: ____ m

c) Wie lange benötigt der Sportler für eine Strecke von 1 Kilometer?

____

Wie weit läuft der Sportler in 5 Minuten?

____

TIPP:
1 Kilometer = 1000 Meter
1 Minute = 60 Sekunden

d) Sarah hat das Experiment ausgewertet und folgende Schlussfolgerungen gezogen. Kreuze wahre Aussagen an.

- ☐ In der doppelten Zeit ist der Sportler doppelt so weit gelaufen.
- ☐ In der doppelten Zeit ist der Sportler genauso weit gelaufen.
- ☐ Der Sportler läuft immer gleich schnell.
- ☐ Der Sportler bewegt sich gleichförmig.

e) Sarah berechnet die Geschwindigkeit v des Sportlers.
Vervollständige ihre Rechnung.

t = 80 s $v = \frac{s}{t}$ $v =$ ________

s = ________ **m** $v = \frac{\_\_\_\_\ m}{80\ s}$ **Antwortsatz** ________________

Arbeit mit Diagrammen (1)

① **Marvin und Marco fahren mit einer Rolltreppe, die sich mit einer Geschwindigkeit von $0{,}5\,\frac{m}{s}$ bewegt.**

a) Vervollständige folgende Wertetabelle.

Zeit in s	0	1	2		10
Weg in m				2	

b) Zeichne das Weg-Zeit-Diagramm. Beschrifte die Achsen.

Weg-Zeit-Diagramm

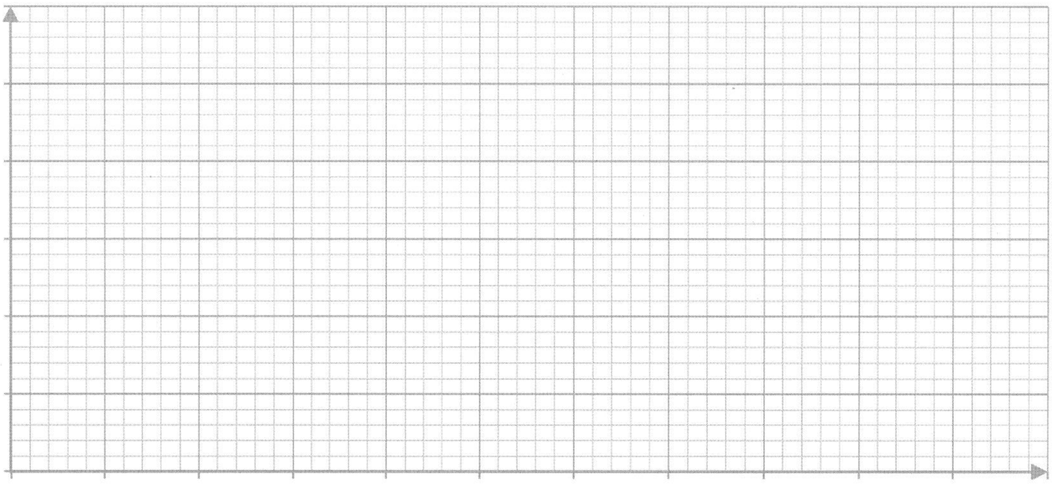

c) Marvin zählt 20 Sekunden, die er mit der Rolltreppe fährt.
Wie lang ist die Rolltreppe seiner Meinung nach?

d) Marco hat mit einem Maßband eine Länge von 15 Metern gemessen.
Wie lang fahren die beiden nach diesem Messwert?

e) Warum erhalten beide unterschiedliche Ergebnisse?

d) Dave behauptet, dass die Rolltreppe in Berlin viel schneller ist, da sie die 25 Meter in 20 Sekunden zurücklegt. Stimmt das?

Arbeit mit Diagrammen (2)

② **Von einem Wettkampf eines Sportlers hat Sarah folgendes Diagramm angelegt.**

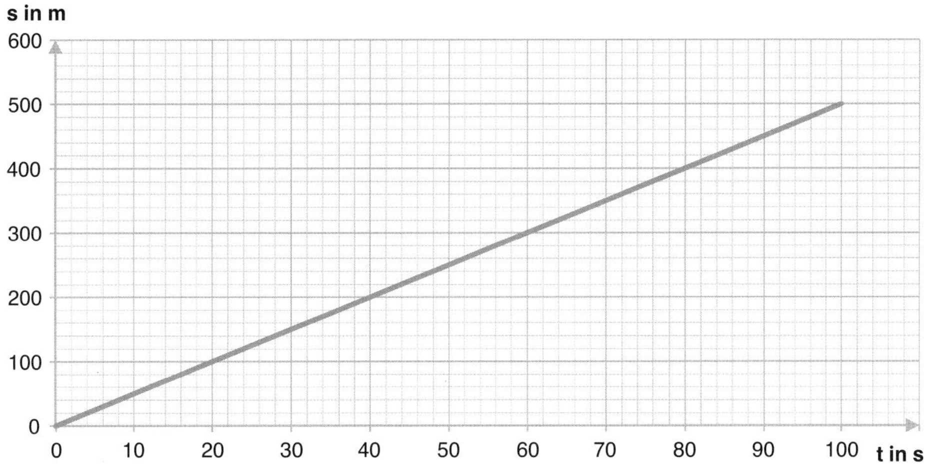

a) Wie heißt das Diagramm?

b) In ihrer Messwerttabelle sind einige Werte verloren gegangen. Vervollständige.

Zeit in s	0	20	30	40			
Weg in m					300	350	400

c) Berechne den zurückgelegten Weg nach jeweils 30 Sekunden.

d) Wie lange benötigt der Sportler für eine Strecke von einem Kilometer?

Wie weit läuft der Sportler in 5 Minuten?

e) Sarah hat das Experiment ausgewertet und folgende Schlussfolgerungen gezogen.

Kreuze wahre Aussagen an.

- ☐ In der doppelten Zeit ist der Sportler doppelt so weit gelaufen.
- ☐ In der doppelten Zeit ist der Sportler genauso weit gelaufen.
- ☐ Der Sportler läuft immer gleich schnell.
- ☐ Der Sportler bewegt sich gleichförmig.

f) Berechne die Geschwindigkeit des Sportlers in $\frac{m}{s}$ und in $\frac{km}{h}$.

Lernzielkontrolle (1)

❶ **Vervollständige den Lückentext.**

Der Leopard bewegt sich gegenüber

____________________.

Wir unterscheiden **3 Bewegungsarten:**

die verzögerte, die ________________________

und die ________________ Bewegung.

Der Start einer Rakete ist eine ________________ Bewegung.

❷ **Vervollständige.**

PKW	*IC*	*Jogger*	*Schall*
$v = 100 \frac{km}{h}$	$v = 180 \frac{km}{h}$	$v = 6 \frac{m}{s}$	$v = 340 \frac{m}{s}$
t = 1 h	t = 2 h	t = ______ s	t = ______ s
			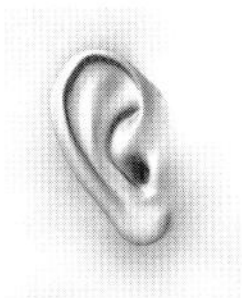
s = _____ km	s = _____ km	s = 120 m	s = 3400 m

❸ **Britta fährt mit ihrem PKW auf der Landstraße mit einer konstanten Geschwindigkeit von 80 $\frac{km}{h}$ zu ihrer Arbeit.**

a) Wie viel Kilometer hat sie nach **2 Stunden** zurückgelegt?

____

b) Nach **40 Kilometern** macht sie eine Pause. Wie lange ist sie schon gefahren?

____

c) An einem Morgen hat sie verschlafen und nur noch **die Hälfte** der Zeit für die Fahrstrecke zur Verfügung.
Wie schnell müsste sie fahren, um pünktlich zur Arbeit zu kommen?

____

____

Lernzielkontrolle (2)

❹ Tobias hat im Internet von einem Modellauto folgendes Diagramm entdeckt.

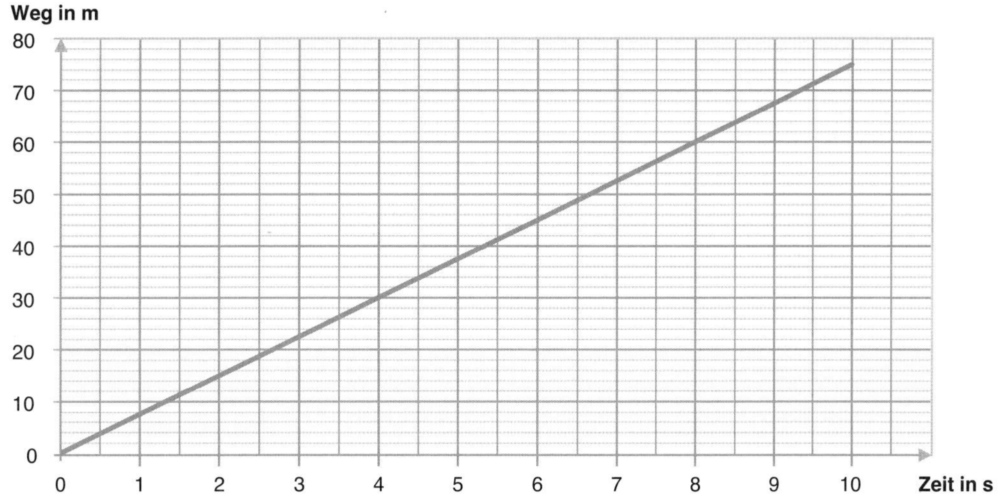

a) Vervollständige die Messwerttabelle für dieses Auto.

Zeit (t) in s	2	4		
Weg (s) in m			60	45

b) Wie weit würde das Auto in einer Minute fahren?

____

c) Wie lange bräuchte das Auto für eine Strecke von 300 Metern?

Tipp!
1 Minute = 60 Sekunden

____

d) Berechne die Geschwindigkeit des Autos in $\frac{m}{s}$ und $\frac{km}{h}$.

s = 60 m

t = ________ s

$v = \frac{s}{t}$

$v = \frac{60\ m}{\ \ s}$

$v =$ ________ $\frac{m}{s}$ = ________ $\frac{km}{h}$

Antwortsatz:

Lernzielkontrolle (1)

① **Vervollständige den Lückentext.**

Der Leopard bewegt sich gegenüber ________________-

______________ . Wir unterscheiden 3 Bewegungsarten: die

____ , die

____ und die

______________________________ Bewegung. Der Start

einer Rakete ist eine ______________________________ .

② **Britta fährt mit ihrem PKW auf der Landstraße mit einer konstanten Geschwindigkeit von 80 $\frac{km}{h}$ zu ihrer Arbeit.**

a) Wie viel Kilometer hat sie nach 2 Stunden zurückgelegt?

____

b) Wie lange würde sie fahren, wenn sie nach 40 Kilometern eine Pause einlegen wollte?

____

c) An einem Morgen hat sie verschlafen und nur noch die Hälfte der Zeit für die Fahrstrecke zur Verfügung. Kann sie noch pünktlich zur Arbeit kommen? Begründe.

____

____

③ **Tobias hat im Internet von einem Modellauto folgendes Diagramm entdeckt.**

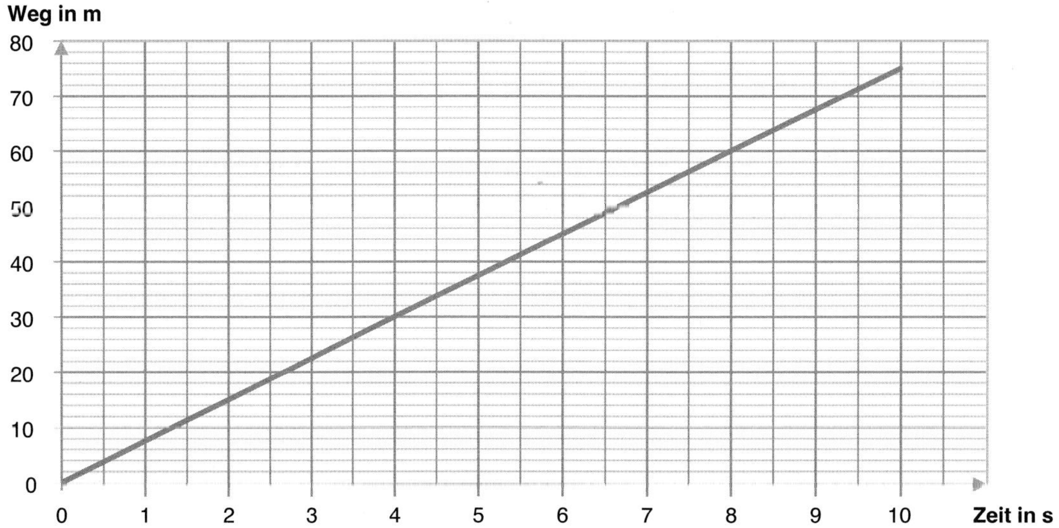

a) Wie heißt das Diagramm?

____

b) Vervollständige die Messwerttabelle für dieses Auto.

t in s	0	4		
s in m			60	45

c) Wie weit würde das Auto in einer Minute fahren?

d) Wie lange bräuchte das Auto für eine Strecke von 300 Metern?

e) Berechne die Geschwindigkeit des Autos in $\frac{m}{s}$ und $\frac{km}{h}$.

f) Nun möchte er von seinem funkgesteuerten Modellauto die Geschwindigkeit bestimmen. Wie kann er vorgehen?

g) Tobias stellt fest, dass sein funkgesteuertes Modellauto etwas schneller fährt. Wie wird der Graph im Diagramm ungefähr verlaufen? Zeichne ihn in einer anderen Farbe ein.

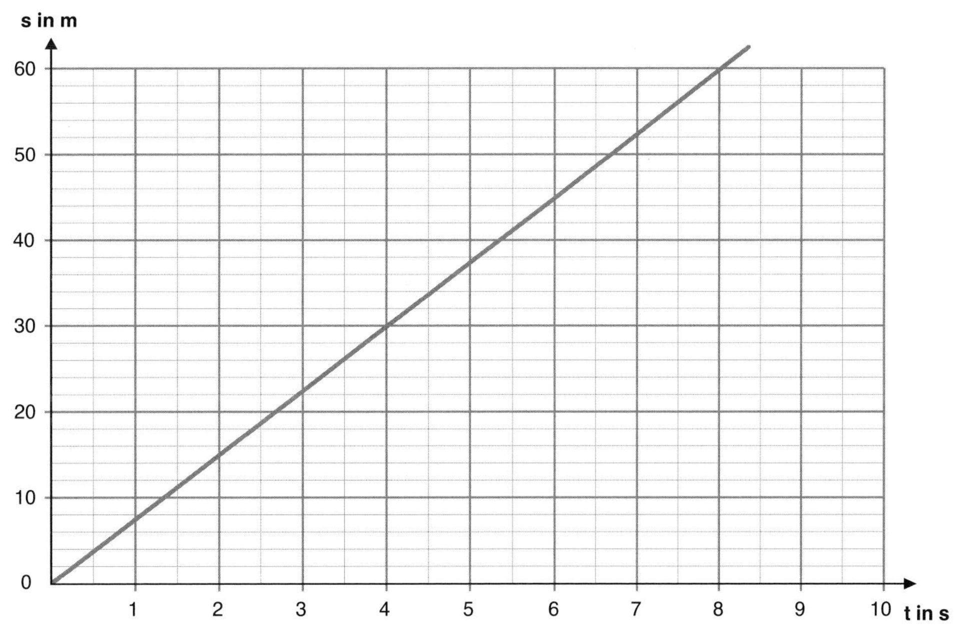

Adhäsion und Kohäsion

INFO

Adhäsion sind die Kräfte zwischen den Teilchen **verschiedener** Stoffe.

Kohäsion sind die Kräfte zwischen den Teilchen **eines** Stoffes.

❶ In dem Bild wirken Adhäsions- und Kohäsionskräfte.

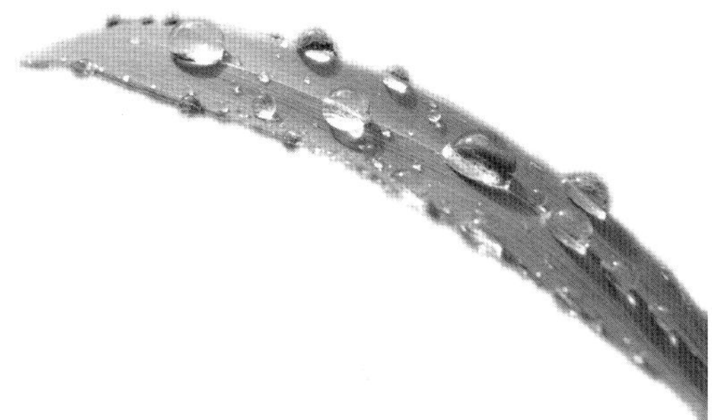

Adhäsionskräfte wirken zwischen:

____

Kohäsionskräfte wirken zwischen:

____

❷ Warum bleibt die Kreide beim Schreiben an der Tafel haften?

____

____

❸ Warum können wir ein Stück Papier durchreißen aber ein Stück Holz nicht?

____

____

❹ Verbinde.

Adhäsion
Kohäsion

Seil einer Schaukel
Das aufgeklebte Bild
Ein Schmutzfleck an der Hose
Eine Fliege läuft die Wand hoch

❺ Zwischen dem Wasser und der Zylinderwand wirken Adhäsionskräfte, so dass das Wasser am Rand etwas höher ist als in der Mitte der Flüssigkeit.

Worauf müssen wir beim Ablesen des Volumens achten?

____

____

Adhäsion und Kohäsion

① **Vervollständige den Lückentext.**

Kohäsionskräfte sind die Kräfte zwischen den Teilchen ______________________

______________________. Adhäsionskräfte sind die Kräfte zwischen den Teilchen

____.

② **In dem Bild wirken Adhäsions- und Kohäsionskräfte.**

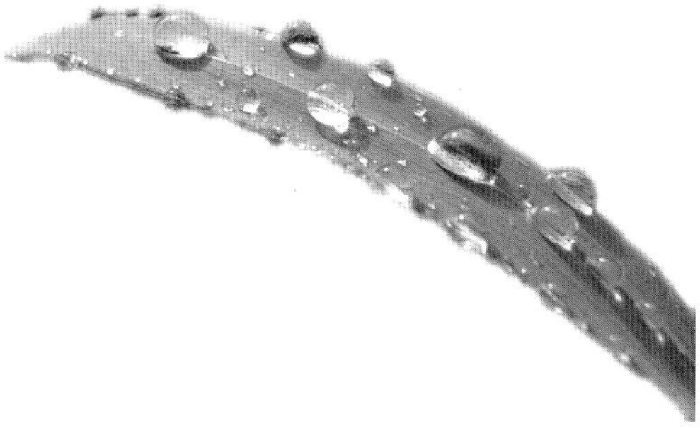

Adhäsionskräfte wirken zwischen:

____

Kohäsionskräfte wirken zwischen:

____

③ **Warum bleibt die Kreide beim Schreiben an der Tafel haften, aber ein Stückchen Kreide nicht?**

____

____

④ **Warum können wir ein Stück Papier durchreißen, aber ein Stück Holz nicht?**

____

____

⑤ **Entscheide: Kohäsion oder Adhäsion?**

a) Seil einer Schaukel: ______________________

b) Das aufgeklebte Bild: ______________________

c) Ein Schmutzfleck an der Hose: ______________________

d) Eine Fliege läuft die Wand hoch: ______________________

⑥ **In Messzylindern mit Wasser steht das Wasser häufig höher als in der Mitte. Woran liegt das?**

____

____

Worauf müssen wir beim Ablesen des Volumens achten?

____

____

Kapillarität

INFO

Unter Kapillarität verstehen wir das Aufsteigen von Flüssigkeiten in engen Röhren – den Kapillaren.

Beispiel: Das Wasser in der Blumenschale steigt in den feinen Röhren im Erdreich nach oben und versorgt die Pflanze mit Wasser und Nährstoffen.

❶ **Im Alltag tritt in unterschiedlichen Situationen Kapillarität auf.**

a) Entscheide, ob die Kapillarität erwünscht oder unerwünscht ist.

Beispiel	erwünscht	unerwünscht	Maßnahmen
Landwirtschaft	x		
Schreibpapier			
Wohnhäuser			
Schnittblumen			
Holzpfosten			

b) Ordne die Maßnahmen zu:

Glatte Oberfläche, Anschneiden des Stängels, Schutz mit wasserabweisenden Lasuren, Lockerung des Bodens, Einbau einer Sperrschicht

❷ **Welches Papier eignet sich am besten zum Aufsaugen verschütteter Flüssigkeiten?**

Papiertaschentuch, Schreibpapier, Löschpapier, Küchenpapier oder Toilettenpapier.

Versuchsaufbau:

Was vermutest du?

____

____

____

Überprüfe deine Vermutung durch einen Test und notiere dein Versuchsergebnis.

____

____

____

Kapillarität

① **In dem Bild wird Wasser durch die Kapillarität transportiert. Kennzeichne die Stellen farbig. Welche Bedeutung hat die Kapillarität für das Wachstum der Pflanzen?**

___

___

___

② **Im Alltag tritt in unterschiedlichen Situationen Kapillarität auf. Entscheide, ob die Kapillarität erwünscht oder unerwünscht ist und welche Maßnahmen vorgenommen werden.**

Beispiel	erwünscht	unerwünscht	Maßnahmen
Landwirtschaft			
Schreibpapier			
Wohnhäuser			
Schnittblumen			
Holzpfosten			

③ **Nathalie und Dilara haben nasse Schuhe und stellen die Schuhe neben die Heizung. Nathalie stopfte zuvor in ihre Schuhe Zeitungspapier. Dilara meint: „So kommt doch in die nassen Schuhe keine warme Luft. Die Schuhe werden nun nicht trocken." Was meinst du?**

___

___

___

④ **Finde heraus, welches Papier sich am besten zum Aufsaugen verschütteter Flüssigkeiten eignet.**

Papiertaschentuch, Schreibpapier, Löschpapier, Küchenpapier oder Toilettenpapier.

Skizziere deinen Versuchsaufbau:

Vermutung:

___

___

___

Versuchsergebnis:

___

___

___

Kräfte und ihre Wirkungen (1)

INFO

Die **Kraft** gibt an, wie stark ein Körper auf einen anderen Körper einwirkt.
Formelzeichen: F Einheit: 1 Newton = 1 N Messgerät: Federkraftmesser
Wir unterscheiden zwei Wirkungen:
Bewegungsänderungen: zum Beispiel: Fangen eines Balls
und Plastische und elastische **Verformungen**: zum Beispiel: etwas verbiegen/zerbrechen oder ein Gummiband auseinander- und zusammenziehen

❶ **Nenne die beiden Wirkungen von Kräften und ordne die Vorgänge zu.**

Anfahren eines Zuges
Spannen eines Expanders
Fußball schießen
Kneten von Kuchenteig
Bremsen des Fahrrades
Zurückprallen des Handballes
Biegen von Rundeisen

❷ **Verformungen: Finde ein passendes Beispiel aus 1.**

Plastische Verformung: Verbiegen von Blech, ______________________

Elastische Verformung: Gummiband langziehen, ______________________

INFO

Zu jeder Kraft gibt es eine **Gegenkraft**. Sie ist gleich groß und entgegengesetzt gerichtet: zum Beispiel: Kraft: die Muskelkraft des Armes hebt die Schultasche, Gegenkraft: die Gewichtskraft der Schultasche wirkt auf den Arm

❸ **Nenne die Kraft und die Gegenkraft in folgenden Beispielen.**

a) 

b) 

c) 

	a)	b)	c)
Kraft:	*Kraft der Kinder links*	*Kraft des Startblocks*	______
Gegenkraft:	______	______	______

d) Entscheide, welche Aussage den Start des Sprinters ohne die Gegenkraft des Startblocks korrekt beschreibt. Kreuze an.

- ☐ Der Sprinter kann sich am Startblock nicht abstoßen. Der Start ist langsamer.
- ☐ Der Startblock hat keinen Einfluss. Der Sprinter startet gleich schnell.
- ☐ Die Füße des Sprinters stehen freier ohne Startblock. Der Start ist schneller.

4 Entscheide, in welcher Skizze die Kraftwirkungen richtig dargestellt sind.

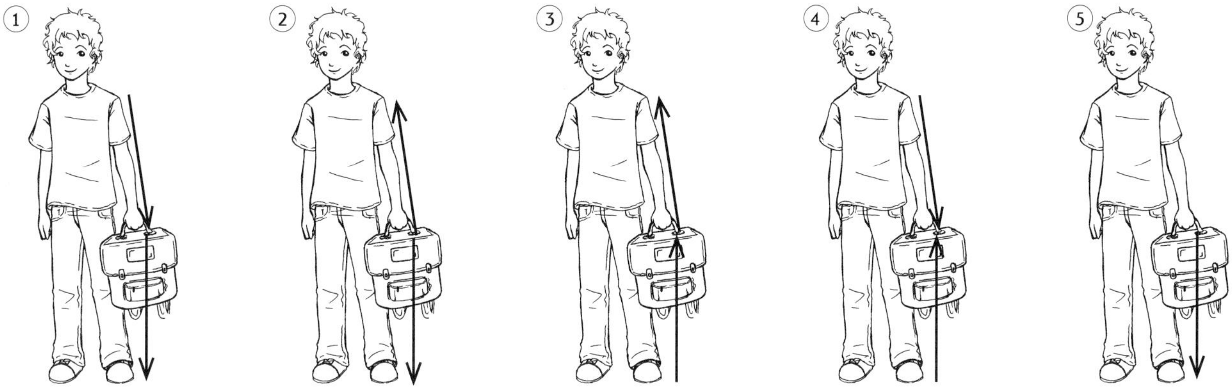

Begründe deine Entscheidung. ______________________________

____

____

5 Gewichtskraft und Masse zweier Zuordnungen sind falsch. Korrigiere sie.

> ***Tipp!***
> *$1\,N \hat{=} 100\,g$*
> *$10\,N \hat{=} 1000\,g = 1\,kg$*

a) 780 N = 78 kg **b)** 78 N = 780 kg **c)** 7,8 kN = 780 kg **d)** 0,78 kN = 7,8 kg

______________ ______________ ______________ ______________

6 Der Begriff „Kraft“ wird häufig verwendet. Ordne die Begriffe nach ihrer Bedeutung.

Willenskraft | Kraftprotz | Wasserkraft | Kraftwerk | kräftige Statur | Zugkraft | Kraft-Ketchup | Sehkraft | Gewichtskraft | Kraftakt | Muskelkraft

physikalische Bedeutung	**keine physikalische Bedeutung**

Kräfte und ihre Wirkungen (1)

① **Vervollständige den Lückentext.**

Die Kraft gibt an, wie __________ ein Körper ______________________________

einwirkt. Sie hat das Formelzeichen ____ und die Einheit _____. Wir erkennen Kräfte an ihren

________________. Zu jeder Kraft gibt es eine ___________________. Sie ist

entgegengesetzt gerichtet und ____________________.

② **Nenne die beiden Wirkungen von Kräften und ordne die Vorgänge zu.**

Anfahren eines Zuges
Spannen eines Expanders
Fußball schießen
Kneten von Kuchenteig
Bremsen des Fahrrades
Zurückprallen des Handballes
Biegen von Rundeisen

③ **Worin unterscheidet sich das Spannen eines Expanders vom Kneten des Kuchenteiges?**

④ **Nenne die Kraft und die Gegenkraft in folgenden Beispielen.**

a)

b)

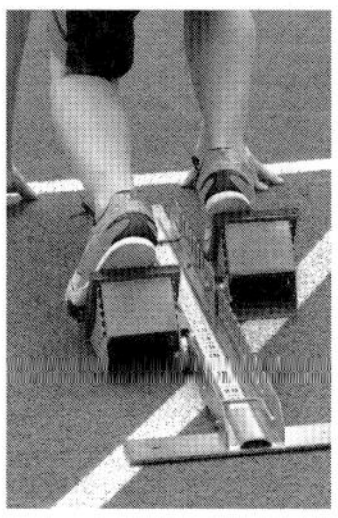

c)

d) Was geschieht, wenn eine Kraft plötzlich nicht mehr wirkt? Beschreibe ein Beispiel.

Kräfte und ihre Wirkungen (2)

⑤ **Entscheide, ob die Aussagen richtig oder falsch sind. Wenn du denkst, es handelt sich um eine falsche Aussage, dann schreibe dahinter, wie sie richtig heißen müsste.**

Aussage	**richtig**	**falsch**	**Die Aussage müsste richtig heißen:**
Beim Halten der Schultasche wirkt die Muskelkraft auf die Tasche und die Gewichtskraft der Tasche auf den Arm.			
Beim Gehen über eine Straße wirkt nur eine Kraft.			
Bei Verformungen wirken mehrere Kräfte.			
Jede Kraft wirkt in eine bestimmte Richtung.			
Bei einer Balkenwaage im Gleichgewicht wirken keine Kräfte.			

⑥ **Hier wurde den Gewichtskräften eine entsprechende Masse zugeordnet. Zwei Zuordnungen sind falsch. Korrigiere sie.**

a) 780 N $\triangleq$ 78 kg **b)** 78 N $\triangleq$ 780 kg **c)** 7,8 kN $\triangleq$ 780 kg **d)** 0,78 kN $\triangleq$ 7,8 kg

⑦ **Der Begriff „Kraft“ wird häufig verwendet. Ordne die Begriffe nach ihrer Bedeutung.**

Nils ist ein sportlicher Junge mit einer kräftigen Statur und einer großen Willenskraft. Sein Freund Oliver ist ein richtiger Kraftprotz. Beide fuhren am Wochenende mit dem Boot auf dem Fluss. Die Wasserkraft des Flusses trug sie schnell am Kraftwerk vorbei. Zum Picknick schleppten sie mit gemeinsamer Zugkraft das Boot aus dem Fluss. Omas Nudelsalat mit dem Kraft-Ketchup schmeckte ihnen im Grünen ausgezeichnet. Plötzlich erblickte Nils, der über eine ausgezeichnete Sehkraft verfügt, seinen Hund Newton. Zum Glück besitzt Newton nur eine kleine Gewichtskraft, so dass das Boot nicht unterging. Gestärkt traten sie die Rückfahrt gegen die Strömung an. Sie wurde zu einem Kraftakt, welche ihre gesamte Muskelkraft beanspruchte.

physikalische Bedeutung **keine physikalische Bedeutung**

Der Federkraftmesser

❶ **Der Federkraftmesser ist ein Messgerät für die Kraft. Er besteht aus verschiedenen Teilen. Beschrifte.**

Messbereich | Spiralfeder | Skala | Nullpunkteinstellung

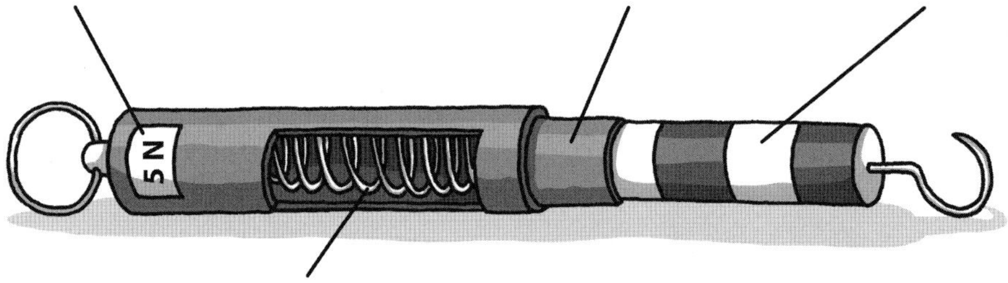

❷ **Ordne den Teilen eine Funktion zu. Verbinde.**

Messbereich
Spiralfeder
Skala
Nullpunkteinstellung

Erhöhung der Messgenauigkeit
Ablesen des Messwertes
Dehnung entsprechend der wirkenden Kraft
maximale Kraft, für den der Federkraftmesser verwendet werden kann

❸ **Sieh dir die Federkraftmesser genau an. Lies die wirkende Kraft ab.**

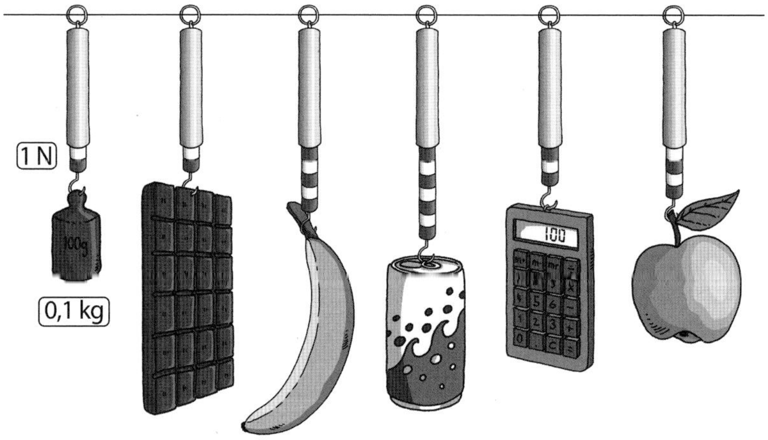

❹ **Ordne den Körpern aus der Aufgabe ❸ die entsprechende Masse zu.**

0,25 kg | 0,1 kg | 0,2 kg | 0,35 kg | 0,15 kg

Messung von Kräften (1)

❶ Sally und Luisa messen die Verlängerung einer Spiralfeder bei Einwirkung verschiedener Kräfte. Ihre Messergebnisse haben sie in der Tabelle notiert.

Kraft F in N	0	1	1,5	2	3	4,5	5
Verlängerung Δl in cm	0	2,5	4,5	5	6,5	11,25	12,5

a) Stelle die Messwerte in ein $\Delta l(F)$-Diagramm dar. Teile zuerst die Achsen ein.

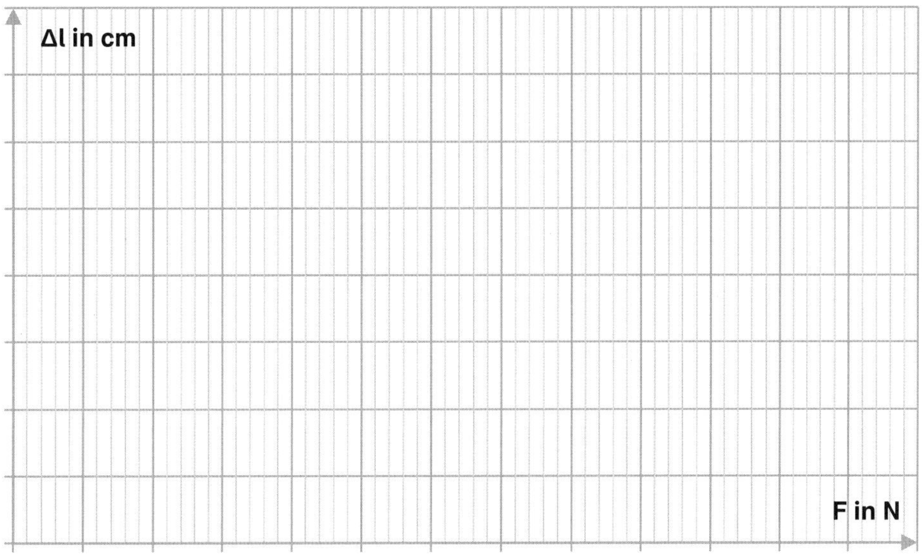

b) Woran erkennen wir, dass Kraft und Verlängerung proportional zueinander sind?

- ☐ Der Graph verläuft durch den Koordinatenursprung.
- ☐ Der Graph ist eine Gerade.
- ☐ Der Graph ist eine Gerade durch den Koordinatenursprung.
- ☐ Wirkt eine doppelt so große Kraft ist die Verlängerung auch doppelt so groß.

c) Durch Messfehler liegen zwei Messwerte nicht exakt auf der Geraden. Nenne einen Messwert.

____

d) Ist der Federkraftmesser für folgende Körper geeignet? Begründe.

100 g

1000 g

3 g

____

____

Messung von Kräften (2)

❷ Anne und Julia wollen im Diagramm zuordnen:

- **Spiralfeder**
- **dünnes Gummiband**
- **dickes Gummiband**

Sie wissen, dass sich die Spiralfeder bei einer Kraftwirkung von 10 N um 8 cm dehnt.

a) Ordne die Kurven dem dünnen und dem dicken Gummiband zu. Begründe deine Entscheidung.

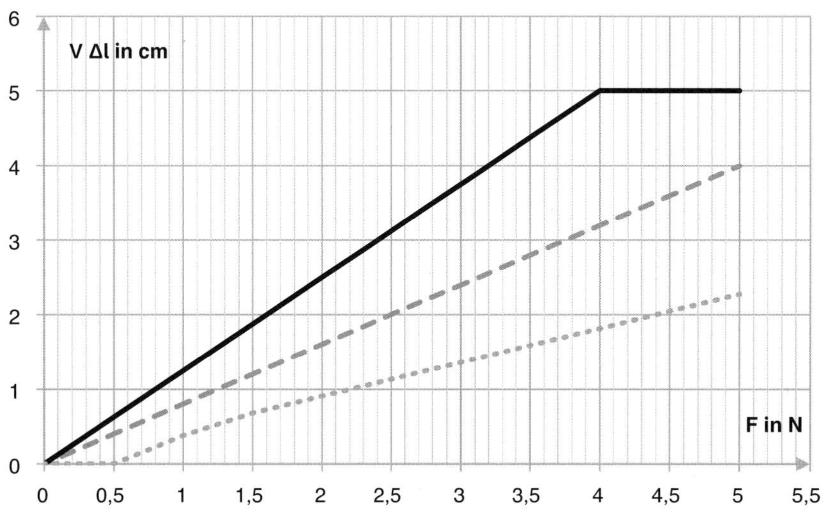

____

mittlere Kurve: Spiralfeder – je größer die wirkende Kraft, umso mehr dehnt sich die Feder aus. Die Längenänderung erfolgt gleichmäßig zur wirkenden Kraft.

____

b) Weshalb verläuft eine Kurve im Diagramm ab 4 N flacher?

____

c) Weshalb beginnt eine andere Kurve im Diagramm erst bei 0,5 N?

____

d) Berechne die Federkonstante für die Spiralfeder. Wähle ein Messwertpaar aus.

Tipp!
Federkonstante = $\frac{\text{Kraft } F}{\text{Verlängerung } \Delta l}$
Umrechnung: 1 cm = 0,01 m

Messung von Kräften (1)

① **Sally und Luisa messen die Verlängerung einer Spiralfeder bei Einwirkung verschiedener Kräfte. Ihre Messergebnisse haben sie in der Tabelle notiert.**

Kraft F in N	0	1	1,5	2	3	4,5	5
Verlängerung Δl in cm	0	2,5	4,5	5	6,5	11,25	12,5

a) Stelle die Messwerte in ein $\Delta l(F)$-Diagramm dar.

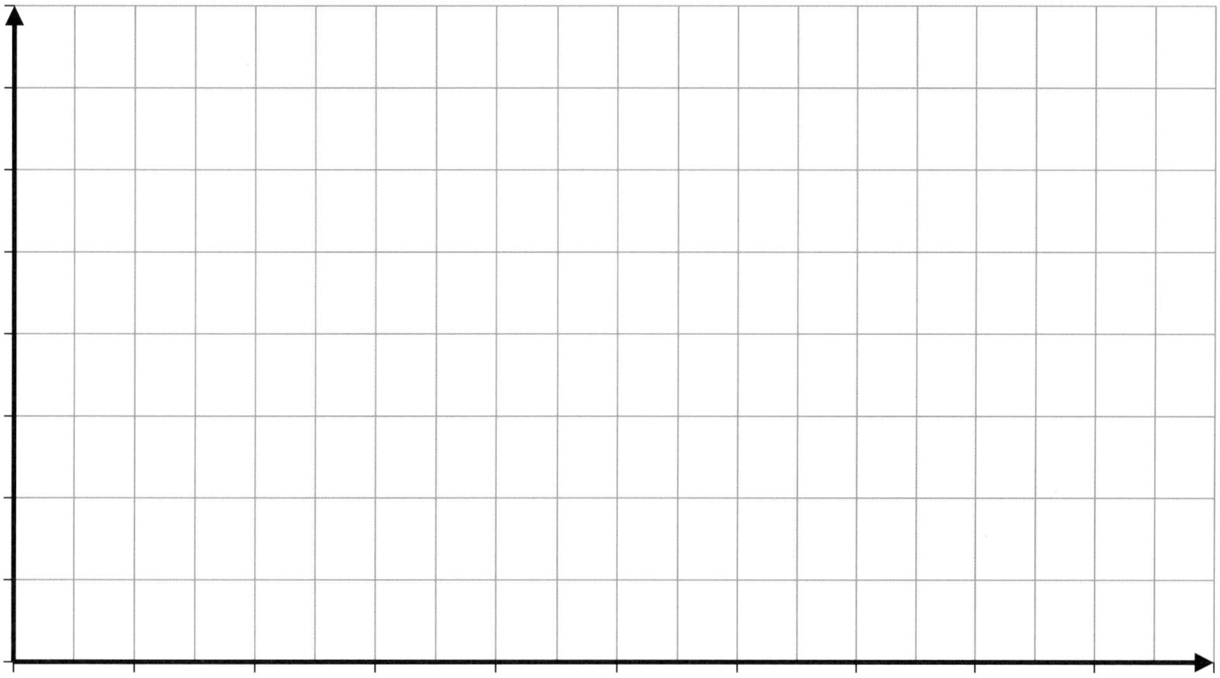

b) Welcher Zusammenhang besteht zwischen den Größen? Begründe.

____

____

c) Mehrere Messwerte liegen nicht exakt auf der Kurve. Nenne einen Wert.

d) Nenne eine mögliche Ursache für die Abweichungen.

____

____

e) Mit ihrem Federkraftmesser von oben wollen Sally und Luisa die Gewichtskräfte eines Apfels, einer Tüte Zucker und eines Teebeutels messen. Bewerte die Eignung des selbstgebauten Federkraftmessers für diese Körper.

____

____

____

f) Bei einem zweiten Versuch nehmen sie eine kräftigere Feder. Zeichne die Kurve im Diagramm für diese Feder im Vergleich zur ersten Feder ein.

____

② **Anne und Julia haben die Verlängerungen einer Spiralfeder, eines dünnen und eines dicken Gummibandes gemessen und die Messwerte in einem Diagramm dargestellt. Leider haben sie die Kurven nicht beschriftet. Sie wissen aber, dass sich die Feder bei einer Kraftwirkung von 10 N um 8 cm dehnt.**

a) Ordne die Kurven der Spiralfeder, dem dünnen und dem dicken Gummiband zu. Begründe deine Entscheidung.

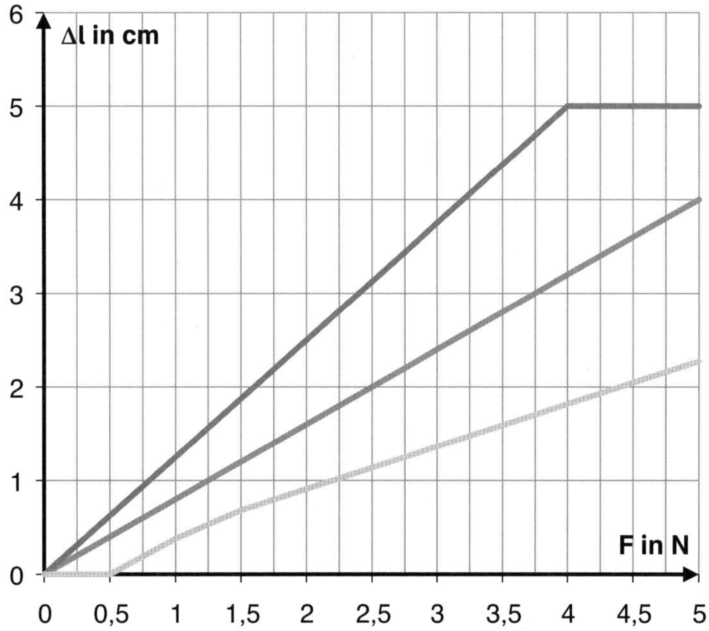

b) Weshalb verläuft eine Kurve im Diagramm ab 4 N flacher?

c) Weshalb beginnt eine andere Kurve im Diagramm erst bei 0,5 N?

d) Die Federkonstante wird aus dem Quotienten der wirkenden Kraft F und der Verlängerung Δl ermittelt. Berechne diese Konstante für die Spiralfeder.

Die Darstellung von Kräften mit Hilfekärtchen (1)

INFO

Kräfte werden mit Kraftpfeilen dargestellt.

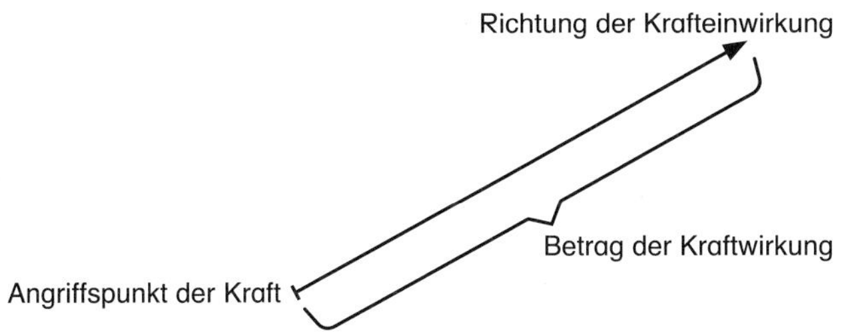

Zu jeder Kraft F_1, gibt es eine gleich große und entgegengesetzt gerichtete Kraft F_2.

❶ Ermittle die Beträge der Kräfte F_1 bis F_3.

a) 1 cm = 10 N 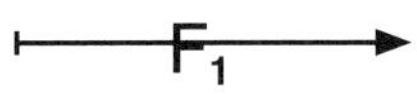

F_1 = ______

b) 1 cm = 0,1 N 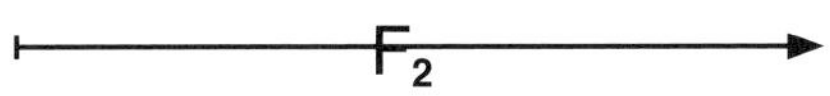

F_2 = ______

c) 1 cm = 20 N 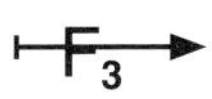

F_3 = ______

❷ Zeichne Kraftpfeile.

a) F_1 = 8 N (1 cm = 2 N)

b) F_2 = 3 N (1 cm = 0,5 N)

c) F_3 = 150 N (1 cm = 30 N)

❸ Zeichne in folgenden Beispielen die Kräfte und Gegenkräfte ein. (1 cm = 5 N).

a) Die Figur an dem Mobile hat eine Masse von 500 Gramm

b) Marco trägt seine Tasche mit einer Masse von 2 kg.

c) Auf einem Regal liegen Gegenstände mit insgesamt 15 N.

Die Darstellung von Kräften mit Hilfekärtchen (2)

❹ **Dave und Oliver messen ihre Kräfte beim Armdrücken. Bestimme die Kräfte und berechne die resultierende Kraft. Wer gewinnt? (1 cm = 25 N)**

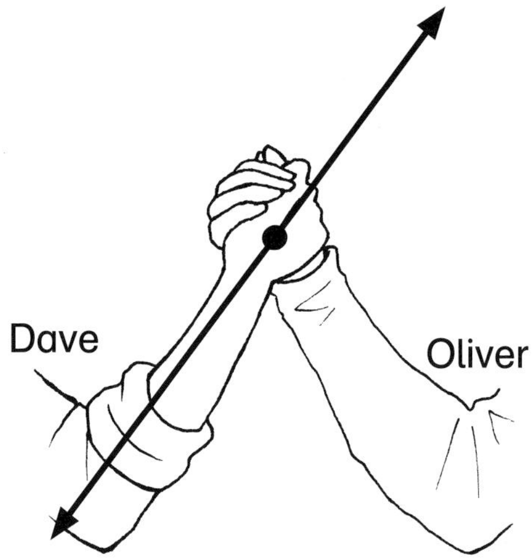

____

____

____

____

____

❺ **Hanna und Nathalie ziehen gemeinsam einen Schlitten mit einem großen Paket. Bestimme die Zugkräfte F_1 und F_2, konstruiere die resultierende Kraft F_R und bestimme ihre Größe. (1 cm = 100 N)**

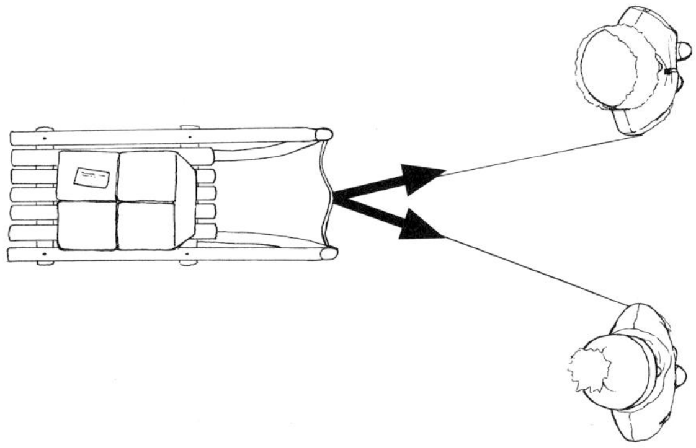

Hilfekärtchen!

F_1 = ______________ F_2 = ______________ F_R = ______________

❻ **Tom saust an einer Seilbahn.**

a) Bestimme die Gewichtskraft F_G von Tom. (1 cm = 200 N) F_G = ______________

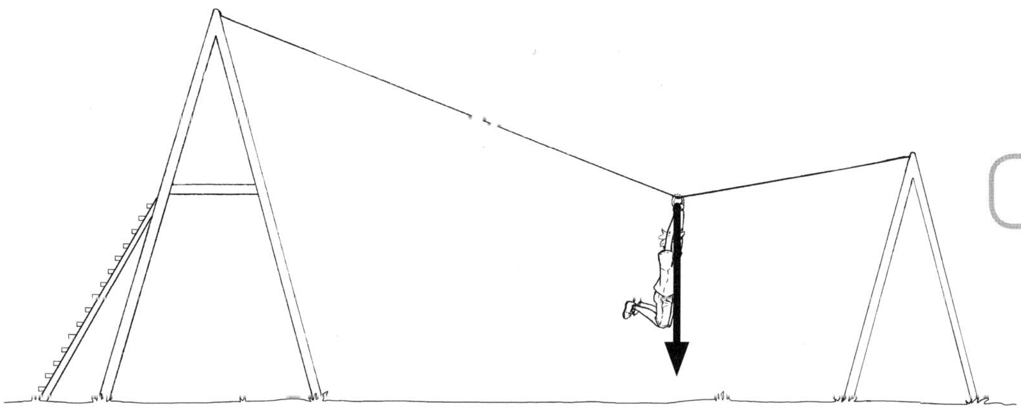

Hilfekärtchen!

b) Konstruiere das Kräfteparallelogramm und bestimme die Größe der Teilkräfte $F_{rechte\ Seite}$ und $F_{linke\ Seite}$.

$F_{rechte\ Seite}$ = ______________ $F_{linke\ Seite}$ = ______________

Die Darstellung von Kräften (1)

① **a)** Welche Merkmale der Kraft kann man an einem Kraftpfeil ablesen?

- ☐ Richtung der Kraftwirkung
- ☐ die Kraftart
- ☐ Größe bzw. Betrag der Kraftwirkung
- ☐ die Geschwindigkeit des Körpers
- ☐ Angriffspunkt der Kraftwirkung
- ☐ Ursache der Kraftwirkung

b) Beschrifte den Kraftpfeil mit diesen Merkmalen.

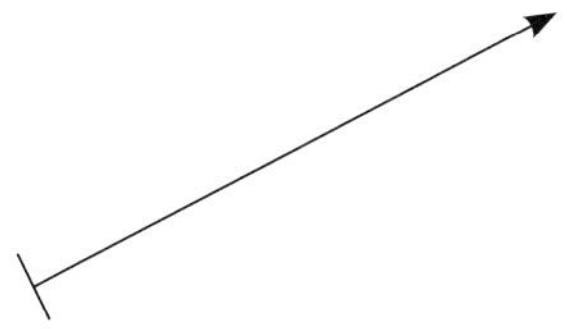

② **Ermittle die Beträge der Kräfte F_1 bis F_3.**

a) 1 cm = 10 N 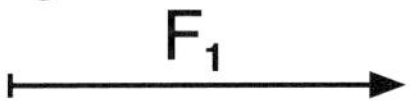

F_1 = ____________________

b) 1 cm = 0,1 N 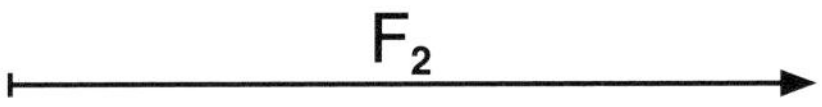

F_2 = ____________________

c) 1 cm = 20 N 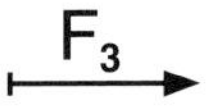

F_3 = ____________________

③ **Zeichne Kraftpfeile.**

a) F_1 = 8 N (1 cm = 2 N)

b) F_2 = 3 N (1 cm = 0,5 N)

c) F_3 = 150 N (1 cm = 30 N)

④ **Zeichne in folgenden Beispielen die Kräfte und Gegenkräfte ein. (1 cm = 5 N)**

a) Die Figur an dem Mobile hat eine Masse von 500 Gramm.

b) Marco trägt seine Tasche mit einer Masse von 2 kg.

c) Auf einem Regal liegen Gegenstände mit insgesamt 15 N.

⑤ **Dave und Oliver messen ihre Kräfte beim Armdrücken. Bestimme die Kräfte und berechne die resultierende Kraft. Wer gewinnt? (1 cm = 15 N)**

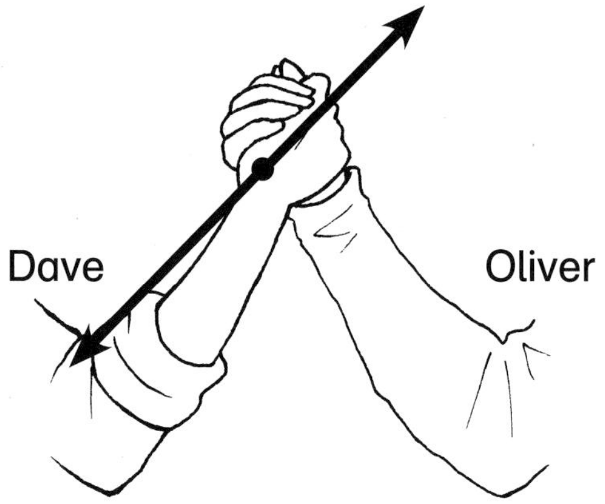

⑥ **Hanna und Nathalie ziehen gemeinsam einen Schlitten mit einem großen Paket. Bestimme die Zugkräfte, konstruiere die resultierende Kraft und bestimme ihre Größe. (1 cm = 100 N)**

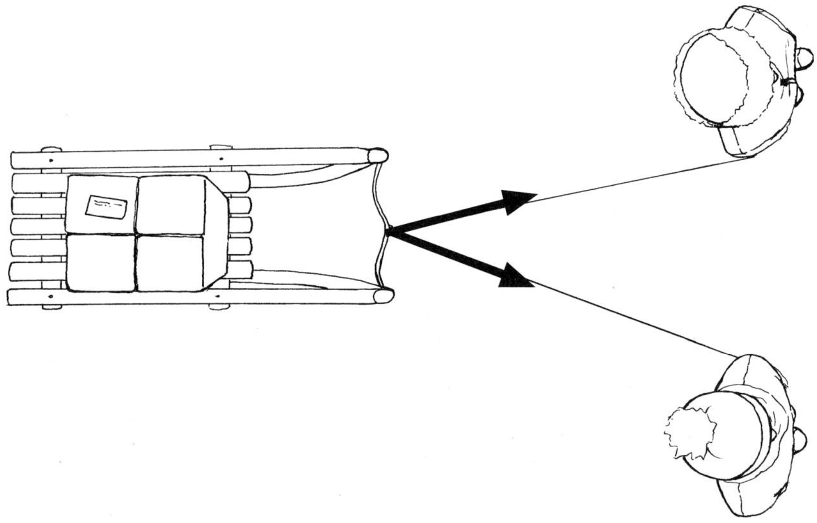

⑦ **Tom saust an seiner Seilbahn. Bestimme die Gewichtskraft von Tom. Zerlege seine Gewichtskraft in die Teilkräfte, die auf die Aufhängungen wirken und bestimme ihre Größe. (1 cm = 200 N)**

Lernzielkontrolle

❶ Vervollständige den Lückentext und beschrifte den Kraftpfeil.

Das Messgerät der Kraft ist

ein ____________________,

die Einheit ________ und das

Formelzeichen ___________.

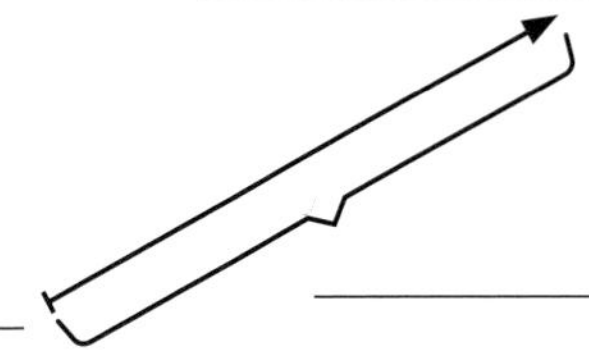

❷ Zeichne in folgenden Bildern die Kraftpfeile ein und ordne die Wirkungen *Bewegungsänderung* und *Verformung* zu.

____________________ ____________________ ____________________

____________________ ____________________ ____________________

❸ In dem Diagramm ist das Verhalten zweier Federn dargestellt.

a) Bestimme die Längenänderungen Δl für eine Kraft F = 4 N.

Feder 1: Δl = ______

Feder 2: Δl = ______

b) Welche Feder ist weicher?

____

c) Berechne die Federkonstante $\frac{\text{Kraft } F}{\text{Verlängerung } \Delta l}$ der Feder 2.

____

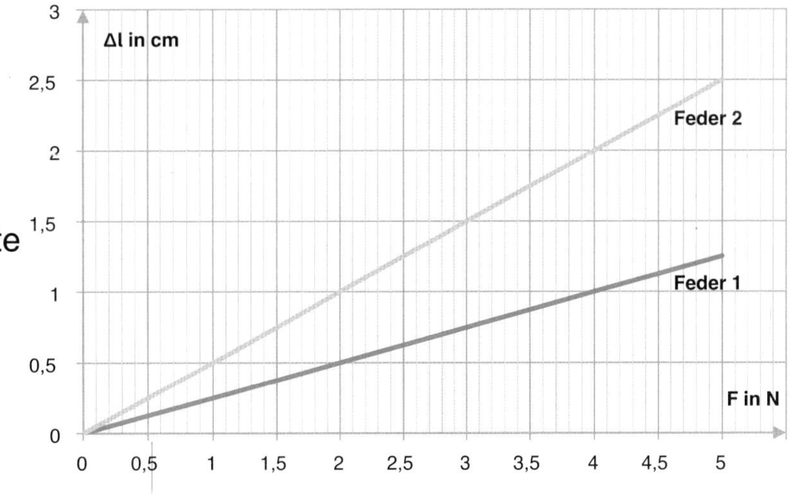

❹ Martin und Jonas tragen eine schwere Tasche.

a) Bestimme die Gewichtskraft F_G der Tasche. (1 cm = 100 N)

F_G = ____________

b) Konstruiere das Kräfteparallelogramm und bestimme die Größe der Teilkräfte F_1 und F_2.

F_1 = ____________ F_2 = ____________

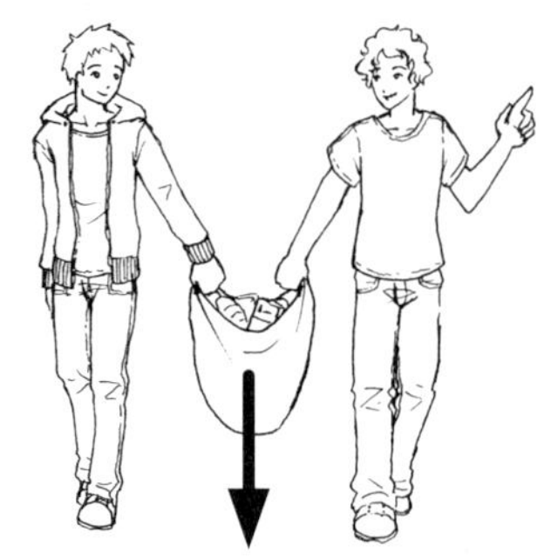

Lernzielkontrolle

① **Vervollständige den Lückentext.**

Die Kraft gibt an, wie ______________________________ einwirkt.

Wir messen Kräfte mit einem ____________________ in der Einheit _____.

Das Formelzeichen der Kraft ist ein ____. Der Kraftpfeil gibt ______________,

____________________ und ____________________ der Kraft an.

② **Zeichne in folgenden Bildern die Kraftpfeile ein und nenne die Wirkung.**

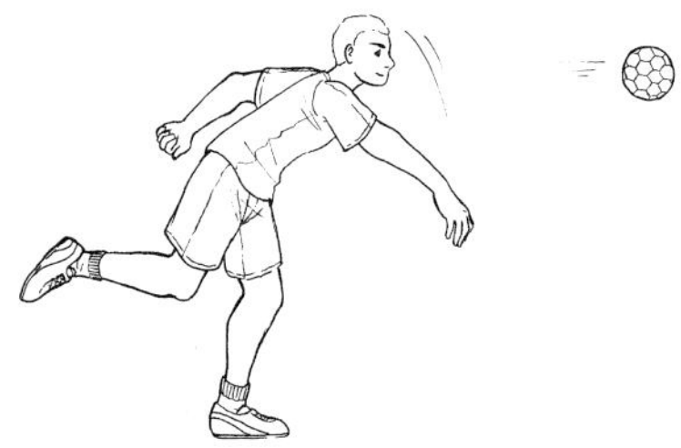

______________________ ______________________ ______________________

______________________ ______________________ ______________________

③ **In dem Diagramm ist das Verhalten zweier Federn dargestellt.**

a) Welcher Zusammenhang wird dargestellt?

____

____

b) Welche Feder ist weicher?
Begründe deine Entscheidung.

____

____

c) Berechne die Federkonstante der Feder 2.

____

____

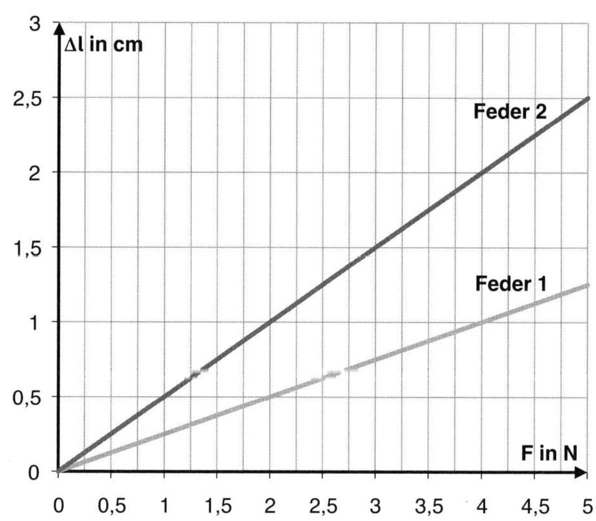

④ **Martin und Jonas tragen eine schwere Tasche.**
Bestimme die Gewichtskraft der Tasche.
Zerlege die Gewichtskraft in die Teilkräfte,
die auf die Arme wirken und bestimme ihre Größe.
(1 cm = 100 N)

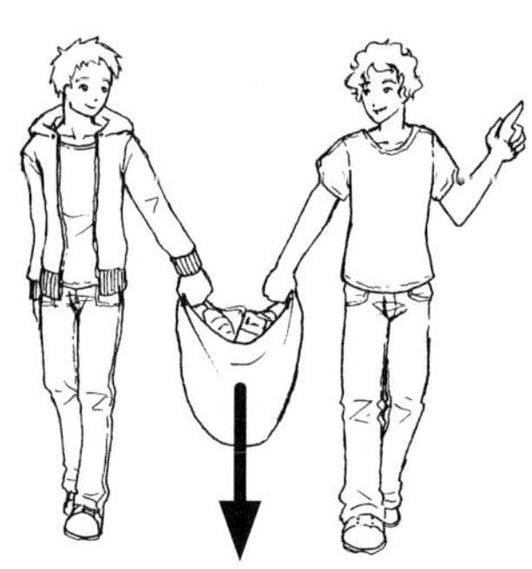

Verschiedene Kraftarten

Antonia hat Bilder zu verschiedenen Kraftarten zusammengestellt. Doch leider sind ihr alle Zettel durcheinander gefallen. Sortiere.

Gewichtskraft F_G	Reibungskraft F_R	Trägheitskraft F_T

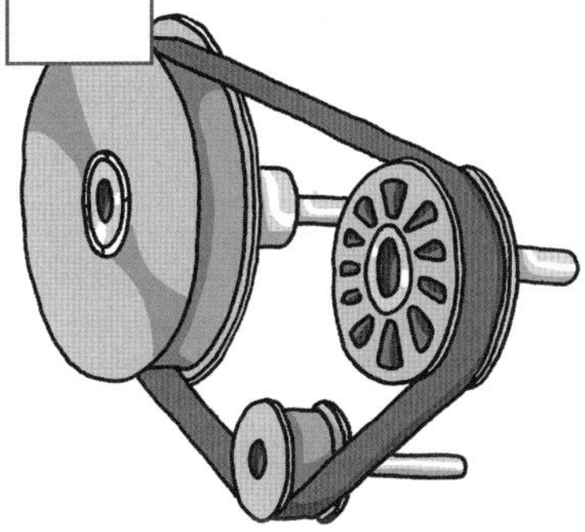

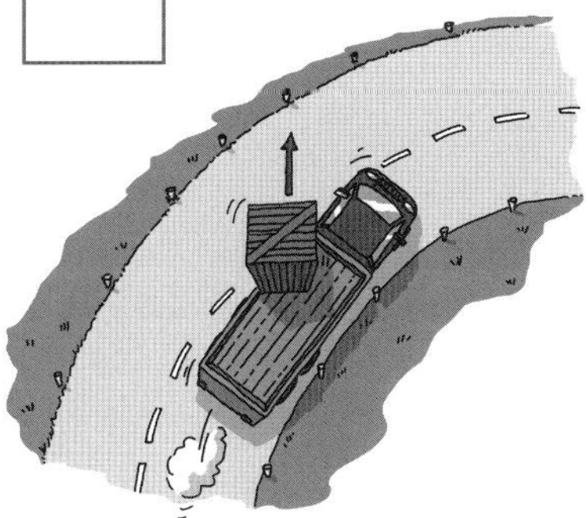

Verschiedene Kraftarten

Antonia hat Aussagen und Bilder zu verschiedenen Kraftarten zusammengestellt. Doch leider sind ihr alle Zettel durcheinander gefallen. Sortiere die Materialien.

Gewichtskraft F_G	Reibungskraft F_R	Trägheitskraft F_T

Tipp: Einige Zettel können mehrfach zugeordnet werden.

... ist der Bewegung entgegen gerichtet.

____

Wirkt auf einen Körper keine Kraft, so ändert sich seine Bewegung nicht.

____

... gibt an, wie stark ein Körper auf seine Unterlage drückt.

____

... gibt an, wie stark ein Körper an seiner Aufhängung zieht.

____

... bremst alle Körper.

____

... hängt von der Masse des Körpers ab.

____

... ist abhängig von der Beschaffenheit der Berührungsflächen.

____

... ist an jedem Ort unterschiedlich.

____

Ein Körper verharrt in Ruhe, wenn keine Kraft auf ihn wirkt.

____

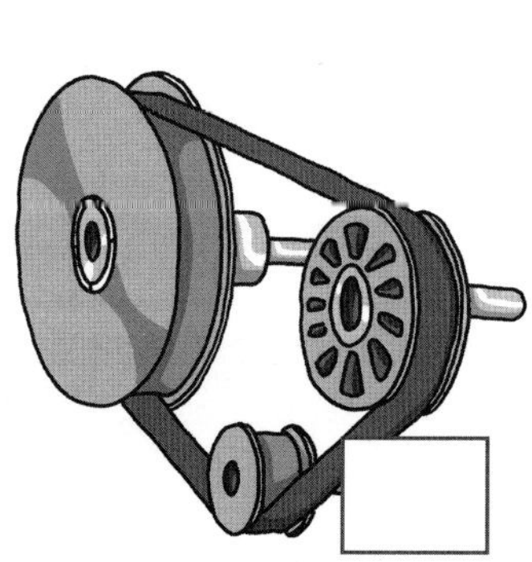

... hängt von der Gewichtskraft des Körpers ab.

____

Die Trägheit von Körpern untersuchen

INFO

Das **Trägheitsgesetz** lautet:

Ein Körper verharrt in Ruhe oder in gleichförmiger Bewegung, solange die Summe der auf ihn wirkenden Kräfte gleich null ist.

Führe folgende kleinen Experimente durch.

Notiere zuerst deine Vermutung und beschreibe zum Schluss deine Beobachtung.

Versuch	Aufbau	Durchführung	Vermutung	Beobachtung
1		Ziehe das Blatt Papier zuerst langsam, danach schnell weg.	Langsam: Schnell:	Langsam: Schnell:
2		Ziehe an dem Papier zuerst langsam, danach schnell.	Langsam: Schnell:	Langsam: Schnell:
3		Ziehe an dem Papier zuerst langsam, danach schnell.	Langsam: Schnell:	Langsam: Schnell:
4		Drücke auf das Holzbrett zuerst langsam, danach schlage schnell und kräftig darauf.	Langsam: Schnell:	Langsam: Schnell:

Die Trägheitskraft mit Hilfekärtchen

In zahlreichen wissenschaftlichen Studien zwischen den Jahren 2000 und 2010 wurde die Sicherung der Ladung von LKWs untersucht. Die Ergebnisse dieser Studien sind in folgender Grafik zusammengefasst.

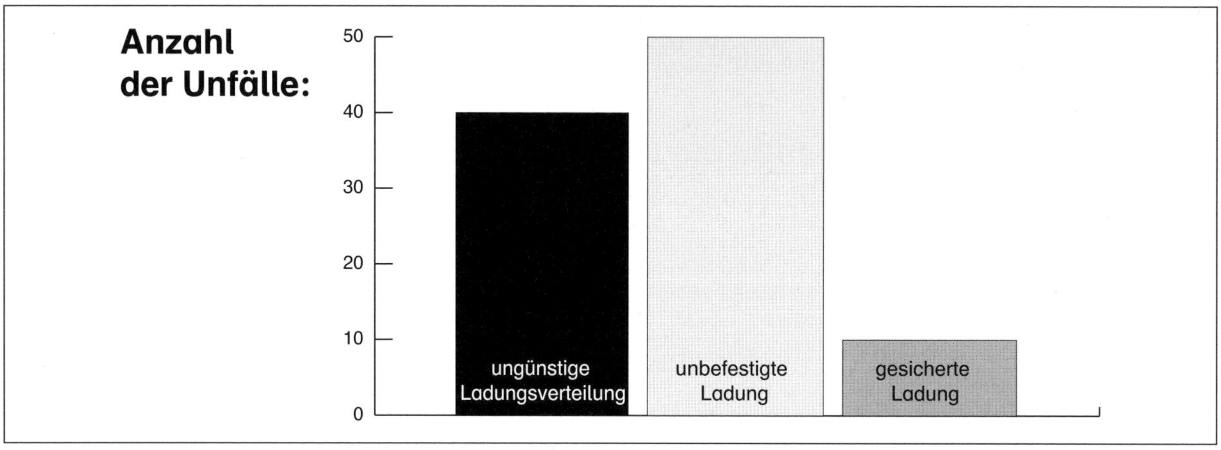

a) Welche Aussagen können dem Diagramm entnommen werden? Kreuze an. Beschreibe die Aussagen des Diagramms.

- ☐ LKWs mit gesicherter Ladung sind weniger an Unfällen beteiligt.
- ☐ Alle LKWs mit unbefestigter Ladung machen Unfälle.
- ☐ LKWs mit unbefestigter Ladung sind häufiger an Unfällen beteiligt.

b) Schreibe einen kurzen Bericht für eure Schülerzeitung über die in der Abbildung dargestellten Zusammenhänge.

Hilfekärtchen!

Nutze dazu folgende Wörter:

anfahren | Befestigung | bremsen | Gurte | Kraft | Ladung | Transport | Trägheit | Verkehrssicherheit | verzurren

____

____

____

____

____

____

____

c) Formuliere drei Ratschläge für den Transport von Ladungen bei LKWs.

____

____

____

____

Die Trägheitskraft

In zahlreichen wissenschaftlichen Studien zwischen den Jahren 2000 und 2010 wurde die Sicherung der Ladung von LKWs untersucht. Die Ergebnisse dieser Studien sind in folgender Grafik zusammengefasst.

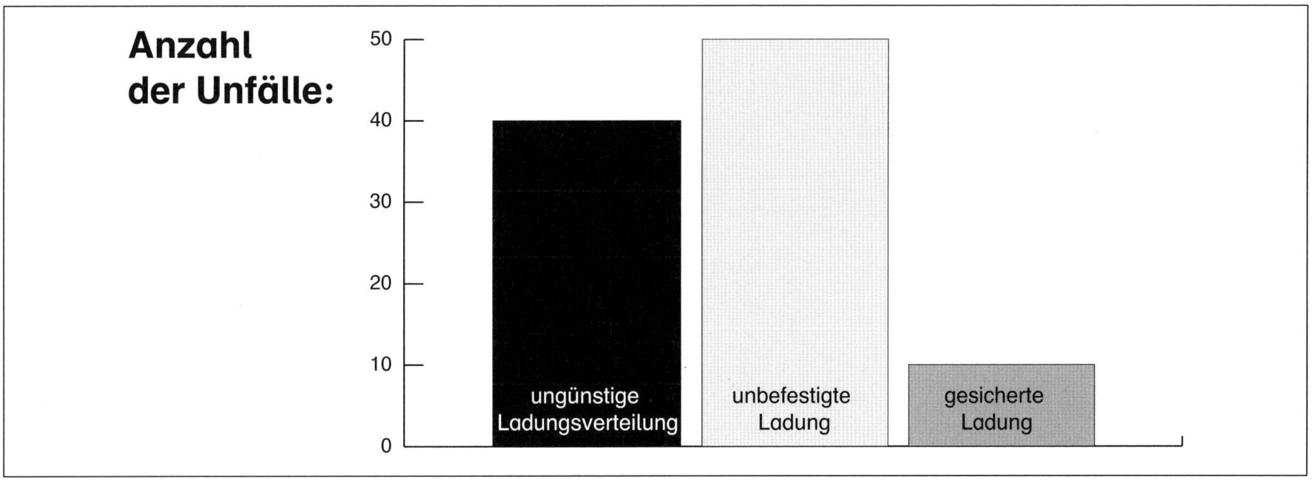

a) Beschreibe die Aussagen des Diagramms.

b) Schreibe einen kurzen Bericht für eure Schülerzeitung über die in der Abbildung dargestellten Zusammenhänge.

Nutze dazu folgende Wörter:

anfahren | Befestigung | bremsen | Gurte | Kraft | Ladung | Transport | Trägheit | Verkehrssicherheit | verzurren

c) Formuliere drei Ratschläge für den Transport von Ladungen bei LKWs.

INFO

Reibung ist eine Kraft, die zwischen zwei sich bewegenden Körpern auftritt. Sie wirkt der Bewegung entgegen und wird auch als **bewegungshemmende Kraft** bezeichnet.

Reibungsarten: Haftreibung, Gleitreibung, Rollreibung, Flüssigkeitsreibung

❶ Nenne die in den Bildern abgebildete Reibungsarten.

a)

b)

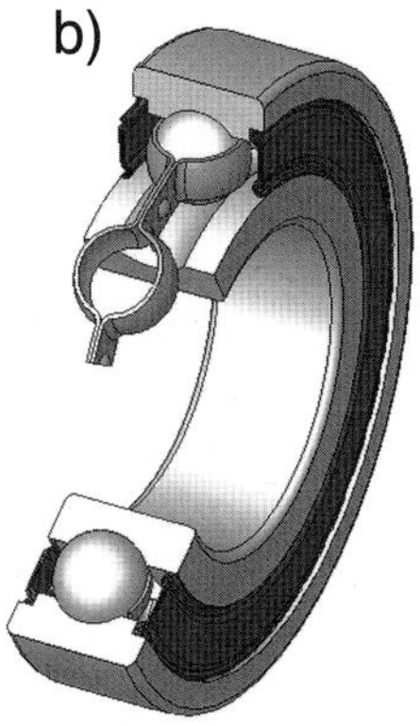

c)

d)

❷ Setze in folgendem Text die Reibungsarten ein.

a) Beim Zubinden der Schuhe wirkt zwischen den Schleifenbändern die ______________________.

b) Beim Fahren mit dem Fahrrad wirkt zwischen dem Rad und der Straße die ______________________.

c) Fahren wir mit dem Auto so wirkt zwischen dem Motor und dem Keilriemen die ______________________ und im Kugellager wirkt die ______________________.

d) Bremst das Fahrzeug mit der Scheibenbremse ab, so wirkt hier die ______________________.

e) Auf nassen Straßen kommt es zu Aquaplaning. Die Reibung ist dann eine ______________________. Sie ist sehr gering und für alle Autofahrer gefährlich. Für eine Schnecke ist sie jedoch lebensnotwendig.

f) Beim Gehen wirkt zwischen Straße und Schuhen die ______________________. Auf einer Eisfläche im Winter wirkt sie nicht, da rutschen wir aus.

Die Reibungskraft (2)

❸ In vielen Vorgängen in der Technik tritt Reibung auf.

a) Entscheide, ob die Reibung erwünscht oder unerwünscht ist.

Technisches Beispiel	Reibung erwünscht	Reibung unerwünscht	Maßnahme
Bremsscheiben	X		raue Oberfläche des Bremsbelages
Kolben im Zylinder			
Scharnier an einer Tür			
um die Kurve fahren			
Tretlager beim Fahrrad			

b) Ordne die Maßnahmen zu.

Schmierung mit Fett, raue Oberfläche der Straße, geeignete Reibpaarung, Reifen aus Gummi, Schmierung durch Motorenöl, Kugellager

❹ Welche Maßnahmen verringern die Reibungskräfte beim Umstellen von Schränken?

- ☐ Schrank einräumen
- ☐ Schrank ausräumen
- ☐ Schrank auf einer Decke ziehen
- ☐ Schrank auf Rollen stellen
- ☐ Schrank schneller ziehen
- ☐ den Raum feucht wischen
- ☐ Schrank auf die schmalste Seite legen
- ☐ Schrank auf die breiteste Seite legen
- ☐ Schrank auf mehrere Besenstiele legen
- ☐ Schubkraft vergrößern

❺ Christin stöhnt beim Fahrradfahren: „Ohne Reibung wäre alles leichter. Ich würde auch viel schneller fahren." Anne entgegnet nachdenklich. „Bist du dir da so sicher?"

Was meinst du dazu?

____

____

____

Die Reibungskraft (1)

① **Nenne die in den Bildern abgebildete Reibungsarten.**

a) 

b) 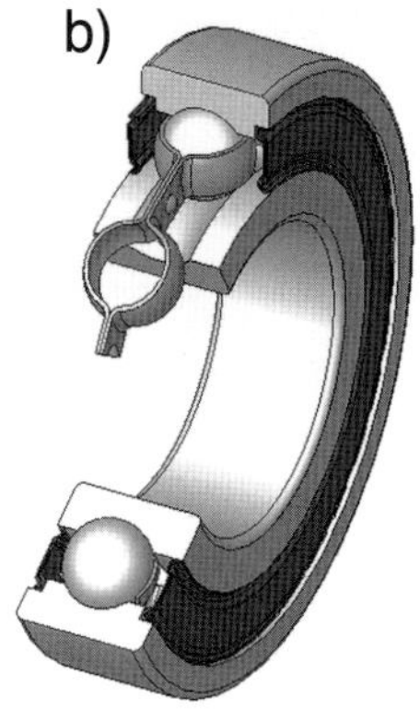

c) 

d) 

② **Setze in folgendem Text die Reibungsarten ein.**

Reibungskräfte treten überall in unserem Leben auf. Sie wirken stets der Bewegung entgegen. Manchmal sind sie erwünscht und manchmal sind sie unerwünscht. Schon am Morgen, wenn wir unsere Schuhe zubinden, wirkt zwischen den Schleifenbändern die ______________________. Später, wenn wir mit dem Fahrrad zur Schule fahren, wirkt zwischen dem Rad und der Straße die ______________________. Fahren wir mit dem Auto oder Bus so wirkt zwischen dem Motor und dem Keilriemen die ______________________ und im Kugellager wirkt die ______________________. Bremst das Fahrzeug mit der Scheibenbremse ab, so wirkt hier die ______________________. Sind beim Bremsen die Straßen sehr nass, so kommt häufig Aquaplaning vor. Die Reibung ist dann eine ______________________.
Sie ist sehr gering und für alle Autofahrer gefährlich. Für eine Schnecke ist sie jedoch lebensnotwendig. Die Schnecke könnte sich sonst gar nicht fortbewegen.
Ohne die ______________________ könnten wir nicht laufen oder gehen. Ist diese sehr klein, zum Beispiel auf einer Eisfläche im Winter, so rutschen wir aus. Alle Schlittschuhläufer und Skifahrer freuen sich über die ______________________. Schon die alten Ägypter beschäftigte die Reibung beim Bau ihrer Pyramiden. Sie versuchten die große ________________ und ________________ zu überwinden, in dem sie Baumstämme und Rollen verwendeten, denn die ______________________ ist kleiner.

Die Reibungskraft (2)

③ **In vielen Vorgängen in der Technik stört die Reibung, deshalb wird sie durch geeignete Maßnahmen verkleinert. Bei anderen Vorgängen möchte man die Reibung möglichst vergrößern. Entscheide, ob die Reibung erwünscht oder unerwünscht ist und durch welche Maßnahme man das in der Technik erreicht.**

Technisches Beispiel	Reibung erwünscht	Reibung unerwünscht	Maßnahme
Bremsscheiben			
Kolben im Zylinder			
Scharnier an einer Tür			
um die Kurve fahren			
Tretlager beim Fahrrad			

④ **Welche Maßnahmen verringern die Reibungskräfte beim Umstellen von Schränken?**

- ☐ Schrank einräumen
- ☐ Schrank ausräumen
- ☐ Schrank auf einer Decke ziehen
- ☐ Schrank auf Rollen stellen
- ☐ Schrank schneller ziehen
- ☐ den Raum feucht wischen
- ☐ Schrank auf die schmalste Seite legen
- ☐ Schrank auf die breiteste Seite legen
- ☐ Schrank auf mehrere Besenstiele legen
- ☐ Schubkraft vergrößern

⑤ **Christin stöhnt beim Fahrradfahren: „Ohne Reibung wäre alles leichter. Ich würde auch viel schneller fahren.“ Anne entgegnet nachdenklich: „Bist du dir da so sicher?“ Was meinst du dazu?**

____

____

____

⑥ **Familie Schlau hat ihr Auto im Schlamm festgefahren. Der Vater sagt: „Setzt euch alle nach hinten, dann ist die Haftreibungskraft am größten und wir kommen wieder raus.“ Entscheide, wie sich das Auto verhalten wird.**

- ☐ Das Auto kommt raus.
- ☐ Es passiert gar nichts.
- ☐ Das Auto fährt sich weiter fest.
- ☐ Man kann nicht entscheiden, was passiert.

Masse und Gewichtskraft (1)

INFO

Die **Masse m** ist eine Eigenschaft eines Körpers und gibt an, wie schwer er ist.

Formelzeichen: m Messgerät: Balkenwaage Einheit: 1g, 1 kg, 1 t

Die **Gewichtskraft F_G** gibt an, wie stark ein Körper auf eine Unterlage drückt oder an seiner Aufhängung zieht. Der Ortsfaktor g gibt an, dass die Gewichtskraft vom Ort abhängig ist.

Formelzeichen: F_G Messgerät: Federkraftmesser

Berechnung: $F_G = m \cdot g$ Einheit: 1 N, 1 kN

$g_{Erde} = 9{,}81 \frac{N}{kg}$; $g_{Mond} = 1{,}62 \frac{N}{kg}$

❶ Verbinde. Nutze die Informationen aus dem Text.

Masse
Gewichtskraft

Eigenschaft eines Körpers
Federkraftmesser
ortsabhängig
Balkenwaage
an allen Orten gleich
Wechselwirkung zwischen zwei Körpern

❷ Der Gewichtheber Hossein Rezazadeh aus Iran hat bei der Olympiade 2004 in Athen eine Masse von 263 kg gestoßen.

a) Berechne die auf ihn wirkende Gewichtskraft.

m = 263 kg **$F_G = m \cdot g$** **Antwortsatz:**

$g = 9{,}81 \frac{N}{kg}$ **F_G =** ____________

F_G = ____________

b) Vergleiche (<; >; =).

Gewichtskraft auf der Erde ☐ Gewichtskraft auf dem Mond

Masse auf der Erde ☐ Masse auf dem Mond

3 Neil Armstrong und Buzz Aldrin brachten von der Mondlandung Mondgestein mit. Die Gewichtskraft des Gesteins betrug auf dem Mond ca. 650 N.

a) Berechne die Masse des Gesteins.

$F_G = 650\ N$ $\quad$ $F_G = m \cdot g$ $\quad$ $m =$ ____________

$g_{Mond} = 1{,}62\ \frac{N}{kg}$ $\quad$ $m = \frac{}{g}$ $\quad$ **Antwortsatz:**

$m =$ ____________

b) Berechne die Gewichtskraft des Gesteins auf der Erde.

$g_{Erde} = 9{,}81\ \frac{N}{kg}$ $\quad$ $F_G = m \cdot g$ $\quad$ $F_G =$ ____________

$m =$ ____________ $\quad$ $F_G =$ ____________ $\quad$ **Antwortsatz:**

4 Warum fällt der Apfel vom Baum nach unten?

Im Herbst 1666 sitzt Isaac Newton nach dem Mittagessen unter einem Apfelbaum und ruht sich aus. Plötzlich fällt ein Apfel vom Baum. Der junge Gelehrte beobachtet es und seine Neugier ist geweckt. Wissenshungrig beginnt er darüber Fragen zu stellen. Warum fällt der Apfel stets senkrecht nach unten? Warum fällt er nicht ein wenig zur linken oder rechten Seite? Was würde passieren, wenn der Apfel doppelt, dreimal oder hundertmal so schwer wäre? Könnte die Erde auch auf den Apfel fallen?

Isaac Newton durchdachte gründlich diese Fragen und fand interessante Antworten. Sie erklären auch die Bewegung des Mondes um die Erde.

Formuliere einige Erkenntnisse, indem du die Sätze vervollständigst.

größer | zieht | Schwerkraft/Gravitationskraft | Erde

Die Erde ____________ den Apfel an und umgekehrt der Apfel zieht die __________ an, nur sehr viel weniger. Diese Anziehungskraft heißt ________________________.

Je größer die Masse, umso ______________ ist auch diese Kraft.

Masse und Gewichtskraft (1)

① **Verbinde.**

Masse
Gewichtskraft

Eigenschaft eines Körpers
Federkraftmesser
ortsabhängig
Balkenwaage
an allen Orten gleich
Wechselwirkung zwischen zwei Körpern

② **Wahr oder falsch? Kreuze richtige Aussagen an.**

Der Ortsfaktor …

- ☐ … ist das Verhältnis von Gewichtskraft und Masse an einem bestimmten Ort.
- ☐ … gibt die Kraft an, mit der ein Körper an einem bestimmten Ort auf seine Unterlage drückt oder an seiner Aufhängung zieht.
- ☐ … gibt an, wie schwer es ist, Körper an einem bestimmten Ort anzuschieben.
- ☐ … wird mit dem Buchstaben g abgekürzt.
- ☐ … ist die Erd- oder Fallbeschleunigung.

Bestimme mit dem Tafelwerk den Ortsfaktor auf der Erde _______ und dem Mond _______.

③ **Ein Kran hat eine Nenntraglast von 800 Tonnen. Welche Werte geben die auf ihn wirkende Gewichtskraft am genauesten an?**

a) 7 848 kN **b)** 7 848 N **c)** 7 848 000 N **d)** 8 000 000 N

④ **Der Gewichtheber Hossein Rezazadeh aus Iran hat bei der Olympiade 2004 in Athen eine Masse von 263 kg gestoßen.**

a) Berechne die auf ihn wirkende Gewichtskraft.

b) Vergleiche die Gewichtskraft und die Masse auf der Erde und auf dem Mond.

____

____

⑤ **Neil Armstrong und Buzz Aldrin brachten von der Mondlandung Mondgestein mit. Die Gewichtskraft des Gesteins betrug auf dem Mond ca. 650 N.**

a) Berechne die Masse des Gesteins.

b) Berechne die Gewichtskraft des Gesteins auf der Erde.

c) Warum wird bei wissenschaftlichen Untersuchungen immer die Masse des Körpers angegeben und nicht die Gewichtskraft?

____

____

⑥ **Warum fällt der Apfel vom Baum nach unten?**

Im Herbst 1666 sitzt Isaac Newton nach dem Mittagessen unter einem Apfelbaum und ruht sich aus. Plötzlich fällt ein Apfel vom Baum. Der junge Gelehrte beobachtet es und seine Neugier ist geweckt. Wissenshungrig beginnt er darüber Fragen zu stellen. Warum fällt der Apfel stets senkrecht nach unten? Warum fällt er nicht ein wenig zur linken oder rechten Seite? Was würde passieren, wenn der Apfel doppelt, dreimal oder hundertmal so schwer wäre? Könnte die Erde auch auf den Apfel fallen?

Isaac Newton durchdachte gründlich diese Fragen und fand interessante Antworten. Sie erklären auch die Bewegung des Mondes um die Erde.

Formuliere einige Erkenntnisse, in dem du die Sätze vervollständigst.

Die Erde ____________ den Apfel an und umgekehrt der Apfel ________ die Erde an, nur sehr viel weniger. Diese Anziehungskraft heißt ______________________________.

Je größer die Masse, umso ______________ ist auch diese Kraft.

Lernzielkontrolle (1)

❶ Vervollständige den Lückentext.

Gewichtskraft | Reibungskräfte | Trägheitskräfte

Kräfte, die eine Bewegung hemmen oder behindern heißen ______________________.

Beim Anfahren eines Autos werden Körper nach hinten gedrückt, da wirken

____________________. Die ______________________________ eines Körpers gibt an, wie

stark ein Körper auf eine Unterlage drückt oder an seiner Aufhängung zieht.

❷ In vielen Vorgängen im Sport tritt Reibung auf.

a) Entscheide, ob die Reibung erwünscht oder unerwünscht ist.

Sportart	Reibung erwünscht	Reibung unerwünscht	Maßnahme
Sprinten			
Skispringen			
Kanufahren			
Kanufahren			

b) Ordne die Maßnahmen zu.

Beschichtung der Ski, glatte Oberfläche, gutes Profil der Lauffläche der Schuhe, große Fläche des Paddelblatts, strömungsgünstige Haltung des Skispringers, strömungsgünstige Form des Kanus

c) Nenne die vergrößerte oder verkleinerte Reibungsart der Beispiele.

____

____

**❸ Das Schild weist auf einen glatten Boden hin.
Welche Gefahr besteht? Begründe.**

____

____

____

❹ Die Mondlandefähre LEM „Eagle“ von Apollo 11 hatte betankt eine Masse von ca. 14,6 Tonnen.

a) Gib die Masse m der Mondlandefähre auf dem Mond in Kilogramm an.

____

b) Berechne die Gewichtskraft der Mondlandefähre auf der Erde und auf dem Mond.

m = ____________	**$F_G = m \cdot g$**	
$g_{Erde} = 9{,}81\ \frac{N}{kg}$	**Erde: F_G =** ____________	**Mond: F_G =** ____________
$g_{Mond} = 1{,}62\ \frac{N}{kg}$	**F_G =** ____________	**F_G =** ____________

❺ Ordne folgende Aussagen oder Begriffe zu. Kreuze an.

Aussage	Gewichtskraft	Masse
Eigenschaft des Körpers		
Anziehungskraft zwischen zwei Körpern		
Ortsabhängig		
misst man mit der Balkenwaage		

❻ Inlinefahrer laufen gern auf glatten asphaltierten Wegen.

a) Warum?

____

____

____

____

b) In welcher Situation fällt eine Inlinefahrerin nach vorn? Kreuze richtige Antworten an.

☐ beim plötzlichen Anfahren
☐ beim plötzlichen Bremsen
☐ wenn sie sich zu weit nach vorn überbeugt

c) Welche Kraft wirkte in dieser Situation?

____

____

Lernzielkontrolle (1)

① **Vervollständige den Lückentext.**

Kräfte, die eine Bewegung hemmen oder behindern heißen ____________________.

Beim Anfahren eines Autos werden Körper nach hinten gedrückt, da wirken ________________.

Die Gewichtskraft eines Körpers gibt an, wie stark ein Körper

______________________________ oder ______________________________.

② **In vielen Vorgängen im Sport tritt Reibung auf.**

a) Entscheide, ob die Reibung erwünscht oder unerwünscht ist und durch welche Maßnahme man das erreicht.

Sportart	Reibung groß	Reibung klein	Maßnahme
Sprinten			
Skispringen			
Kanufahren			

b) Nenne die vergrößerte oder verkleinerte Reibungsart der Beispiele.

____

____

____

____

③ **Auf welche Gefahr weist dieses Schild hin? Erkläre die Gefahr physikalisch.**

____

____

____

④ **Ein LKW mit Anhänger hat eine Nutzlast von 26 Tonnen. Welche Werte geben die transportierte Gewichtskraft am genauesten an? Kreuze an.**

a) 260 000 N **b)** 255 000 N **c)** 255 kN **d)** 255 N

⑤ **Wie viel N fehlen 19,5 kN zu 20 kN?**

____

____

Lernzielkontrolle (2)

⑥ **Die Mondlandefähre LEM „Eagle“ von Apollo 11 hatte betankt eine Masse von ca. 14,6 Tonnen.**

a) Gib die Masse der Mondlandefähre auf dem Mond in Kilogramm an.

____

____

Hinweis:
$g_{Erde} = 9{,}81\,\frac{N}{kg}$; $g_{Mond} = 1{,}62\,\frac{N}{kg}$

b) Berechne die Gewichtskraft der Mondlandefähre auf der Erde und auf dem Mond.

⑦ **Ordne folgende Aussagen oder Begriffe zu. Kreuze an.**

Aussage	Gewichtskraft	Masse
Eigenschaft des Körpers		
Anziehungskraft zwischen zwei Körpern		
ortsabhängig		
misst man mit der Balkenwaage		

⑧ **Inlinefahrer laufen gern auf glatten asphaltierten Wegen.**

a) Warum?

____

____

____

b) Beschreibe eine Situation, bei der ein Inlinefahrer nach vorn fällt.

____

____

____

c) Welche Kraft wirkte in dieser Situation?

____

____

Rollen (1)

INFO

Mit Rollen kann man Kräfte umlenken und einsparen, dabei kann sich der Hubweg vergrößern.

Feste Rolle (Umlenkrolle)

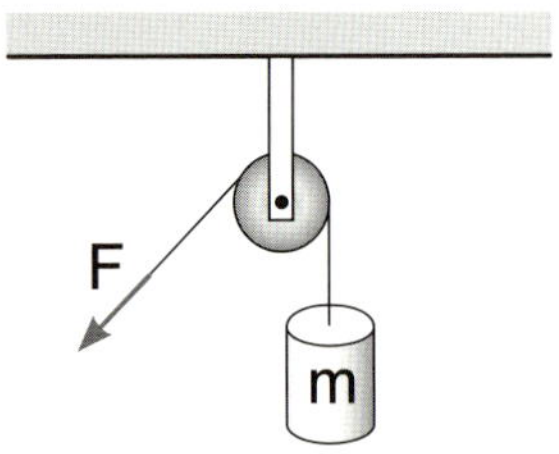

$F_{Zug} = F_G$

$s_{Zug} = s_{Hub}$

Lose Rolle

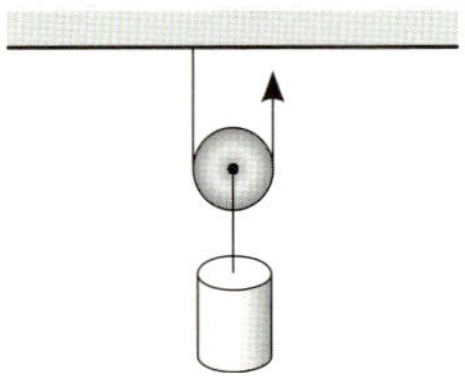

$F_{Zug} = \frac{1}{2} \cdot F_G$

$s_{Zug} = 2 \cdot s_{Hub}$

Flaschenzug mit 4 tragenden Seilstücken

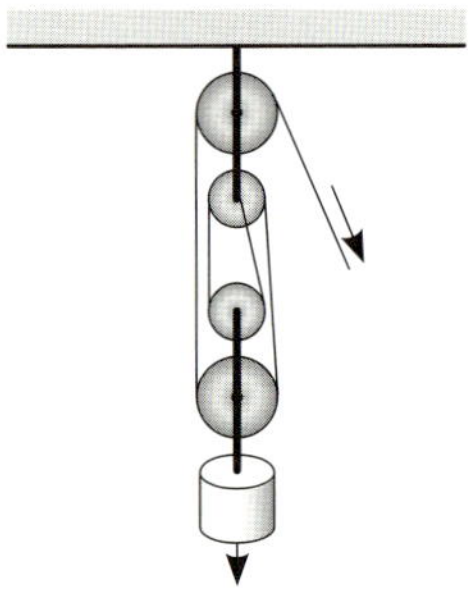

$F_{Zug} = \frac{1}{4} \cdot F_G$

$s_{Zug} = 4 \cdot s_{Hub}$

❶ **Wie heißen die folgenden Einrichtungen? Berechne die Zugkraft und formuliere ein physikalisches Gesetz.**

____

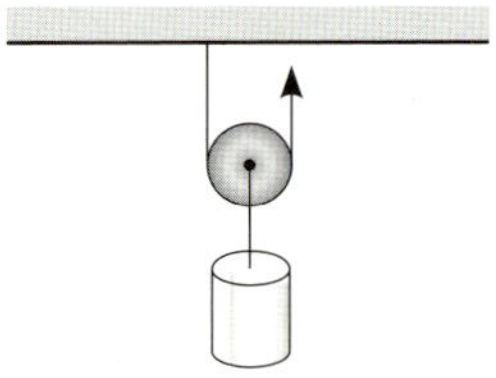

F_G in N	F_{zug} in N
400	
	50

____

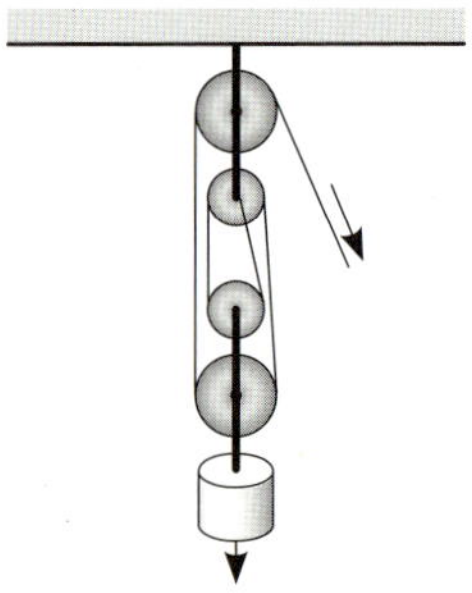

F_G in N	F_{zug} in N
400	
	50

❷ **Marco und Marvin wohnen in einem Haus übereinander. Um nicht ständig hoch und runter zu laufen bauten sie sich folgende Vorrichtung.**

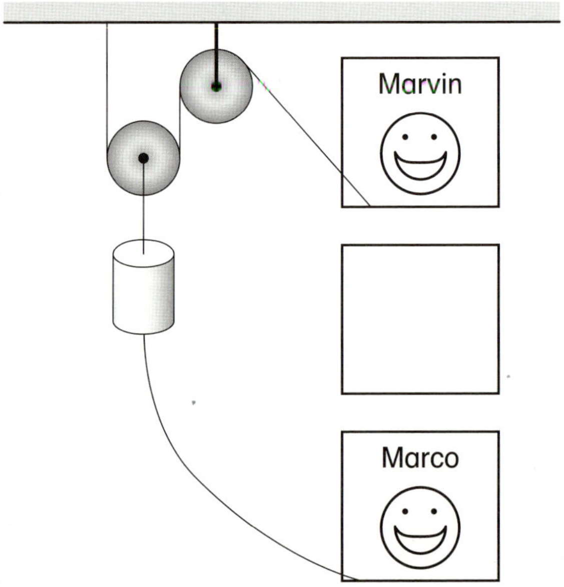

a) Marvin zog sein Seilstück 10 Meter. Wie viel Meter muss Marco nun sein Seil herunterziehen?

____

b) Der Korb hat eine Gewichtskraft F_G von 40 N. Wie groß muss Marvins Zugkraft F_{Zug} sein?

____

c) Welche Gewichtskraft F_G hat der Korb, wenn Marvin mit F_{Zug} = 25 N zieht?

____

❸ Michel hat für sein Zimmer eine neue Lampe bekommen.

a) Wo muss er die Lampe und wo das Gegenstück befestigen?

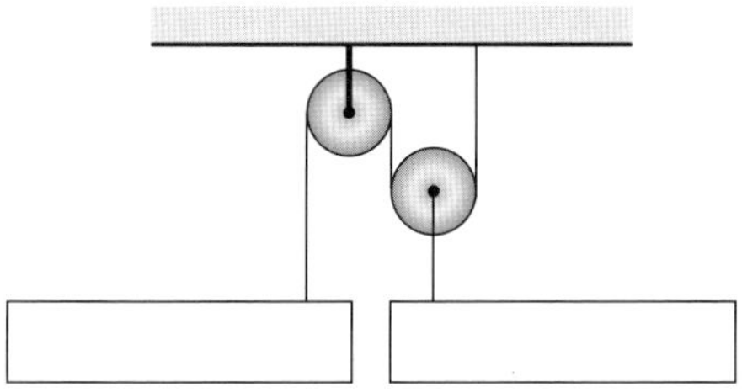

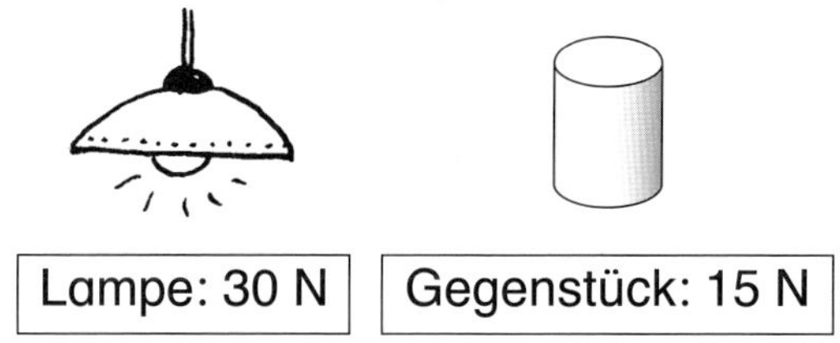

b) Nun möchte er die Lampe um 20 cm höher ziehen. Wie viel cm muss er das Gegenstück herunterziehen?

____

____

c) Welche Gewichtskraft müssen die Gegenstücke in folgender Konstruktion haben?

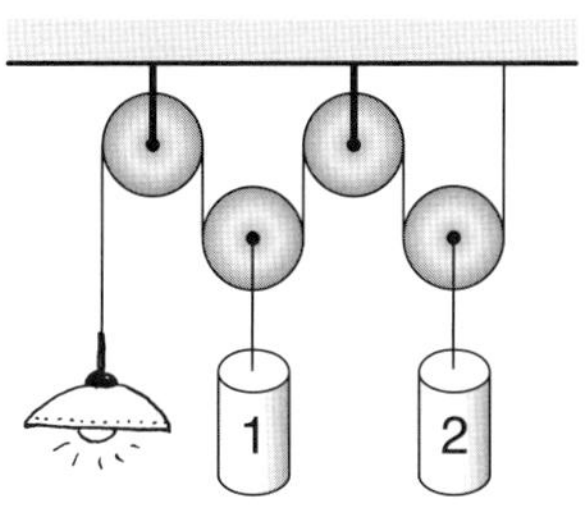

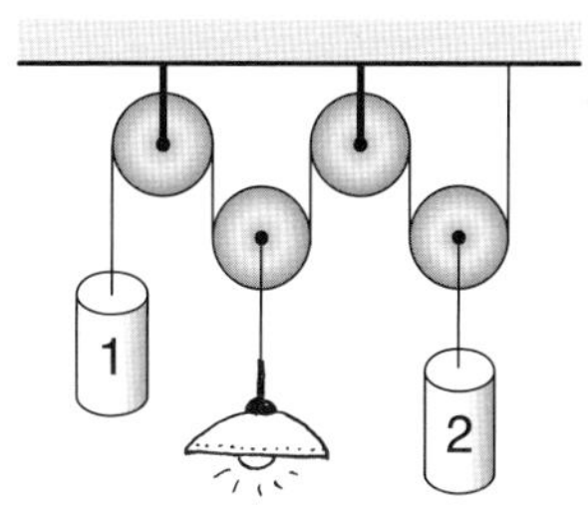

____

d) Um wie viel cm steigen die Gegenstücke auf, wenn Michel die Lampe jeweils um 10 cm nach unten zieht?

____

❹ Lukas und Daniel wollen mit der abgebildeten Vorrichtung Heuballen auf den Heuboden heben.

Um wie viel Meter muss Lukas den Haken der unteren Flasche herunterziehen

____

____

Welche Kraft benötigt er dazu?

____

____

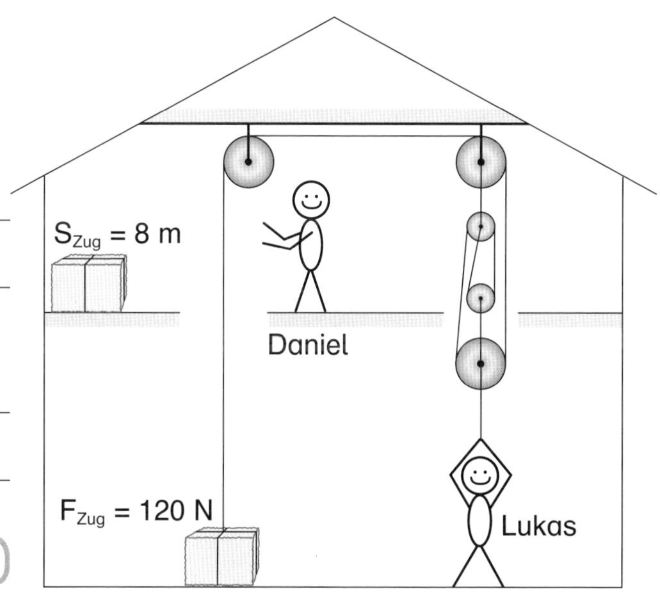

Lösungen: 2; 2,5; 5; 10; 15; 30; 40; 60; 60; 480

Rollen (1)

① **Wie heißen die folgenden Einrichtungen? Berechne die fehlenden Werte und formuliere eine physikalische Gesetzmäßigkeit.**

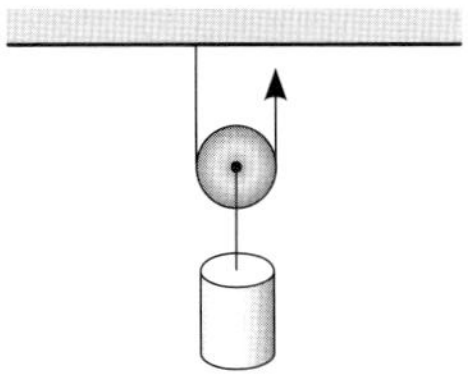

F_G in N	F_{zug} in N
400	
	50

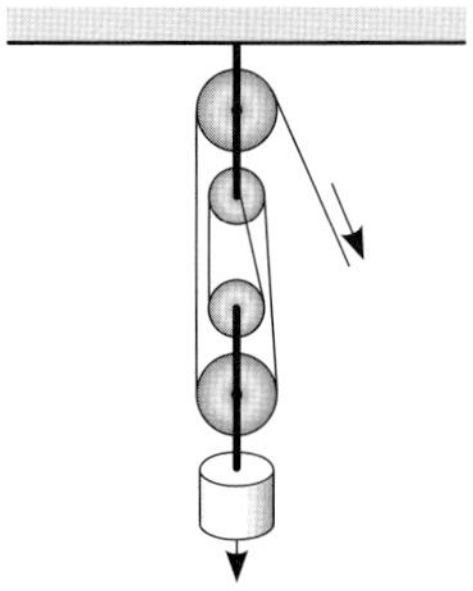

F_G in N	F_{zug} in N
400	
	50

② **Marco und Marvin wohnen in einem Haus übereinander. Um nicht ständig hoch- und herunterzulaufen bauten sie sich folgende Vorrichtung.**

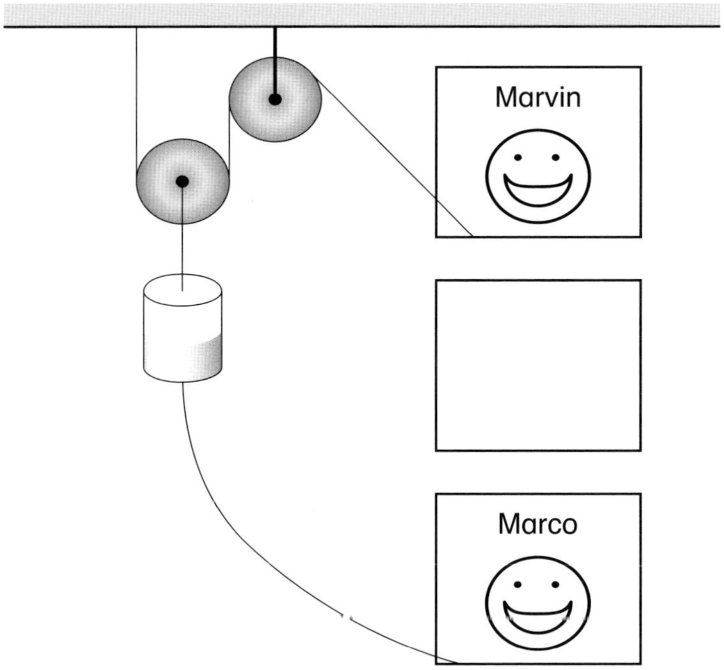

a) Marvin zog sein Seilstück 10 Meter in sein Zimmer. Um wie viel Meter muss Marco nun sein Seil herunterziehen, um den Korb zu bekommen.

b) Wie groß muss Marvins Gegenkraft sein, wenn der Korb eine Gewichtskraft von 40 N hat? (Die Masse des Seils, der Rolle und die Reibungskräfte werden vernachlässigt.)

c) Welche Gewichtskraft hat der Korb, wenn Marvin mit 25 N zieht?

③ **Michel hat für sein Zimmer eine neue Lampe bekommen.**

Hinweis:
Bei allen Berechnungen sollen die Masse des Flaschenzuges, des Seiles und die Reibungskräfte vernachlässigt werden.

a) Wo muss er die Lampe und wo das Gegenstück befestigen?

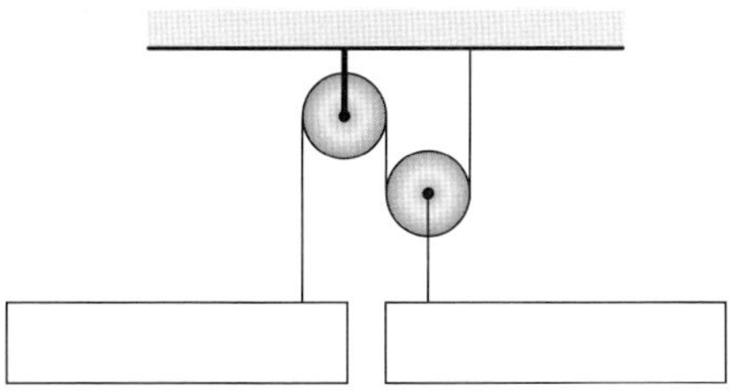

b) Nun möchte er die Lampe um 20 cm höher ziehen. Wie viel cm muss er das Gegenstück herunterziehen?

____

c) Welche Gewichtskraft müssen die Gegenstücke in folgender Konstruktion haben?

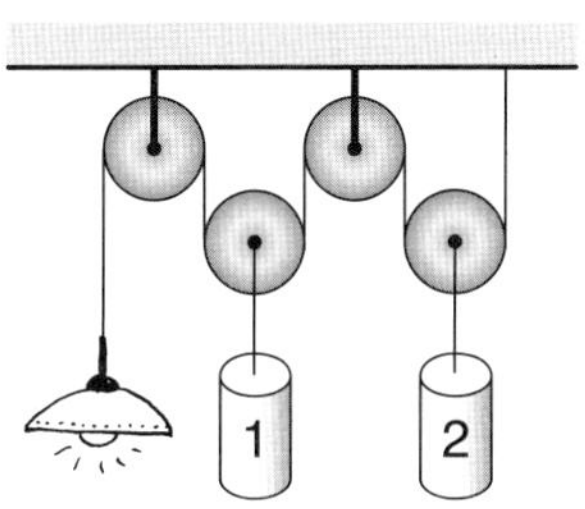

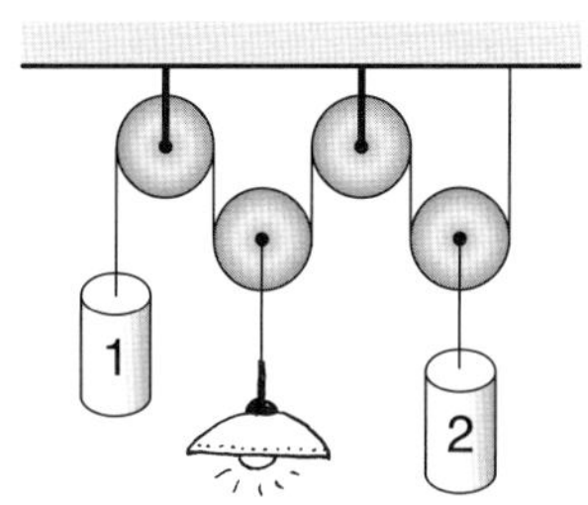

______________________________ ______________________________

d) Um wie viel cm steigen die Gegenstücke auf, wenn Michel die Lampe jeweils um 10 cm nach unten zieht?

____

④ **Lukas und Daniel wollen mit der abgebildeten Vorrichtung Heuballen auf den Heuboden heben.**

Um wie viel Meter muss Lukas den Haken der unteren Flasche herunterziehen und welche Kraft benötigt er dazu, um den Heuballen (F_H = 120 N) um 8 Meter zu heben?

____

____

____

____

____

____

Hebel (1)

INFO

Einseitige Hebel: beide Kräfte greifen auf einer Seite vom Drehpunkt gesehen an

Zweiseitige Hebel: beide Kräfte greifen an unterschiedlichen Seiten vom Drehpunkt gesehen an

❶ Sophie hat die Hebel in zwei Gruppen eingeteilt. Auf jeder Seite sind ihr drei Fehler unterlaufen. Berichtige sie.

Einseitige Hebel	Zweiseitige Hebel
Zange	Flaschenöffner
Schere	Schraubendreher
Brechstange ohne Drehpunkt	Schubkarre
Bügel	Schaufel
Hammer	Wippe

INFO

Hebelgesetz

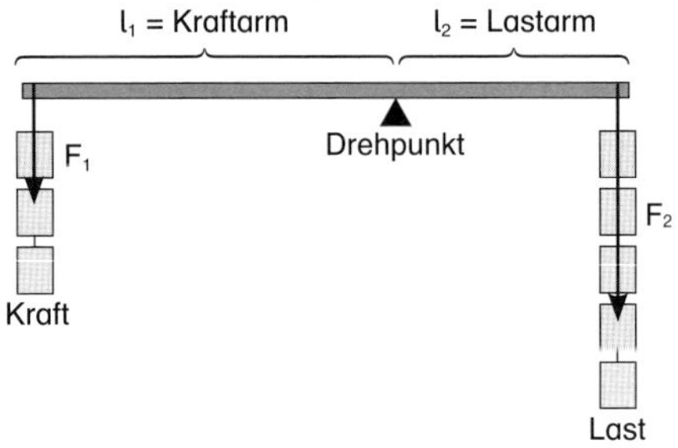

$F_1 \cdot l_1 = F_2 \cdot l_2$

zum Beispiel: $F_1 = 50$ N; $F_2 = 20$ N; $l_1 = 10$ cm

$50\ \text{N} \cdot 10\ \text{cm} = 20\ \text{N} \cdot l_2$

$500\ \text{N cm} = 20\ \text{N} \cdot l_2$

$l_2 = 500\ \text{N cm} : 20\ \text{N} = \underline{25\ \text{cm}}$

Je länger der Kraftarm ist, umso kleiner ist die benötigte Kraft.

❷ Berechne die fehlenden Werte.

F_1 in N	F_2 in N	l_1 in cm	l_2 in cm
40	10		20
	60	90	30
50		12	25
12	8	40	

Hebel (2)

3 Mit einer 2 m langen Stange hebt Jonas eine schwere Kiste an. Von seinem Ende bis zum Stein sind es 1,5 m. Er drückt mit 100 N auf die Stange.

a) Trage die gegebenen Größen in die Skizze ein.

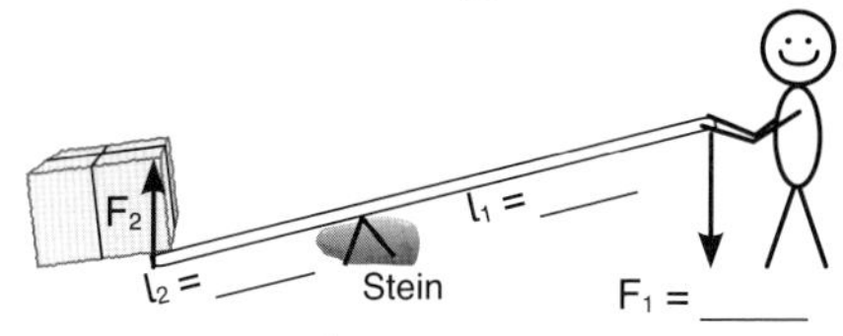

b) Berechne die Gewichtskraft F_2 der Kiste.

____

4 Besteht in folgenden Fällen Gleichgewicht? Begründe deine Feststellung.

a)

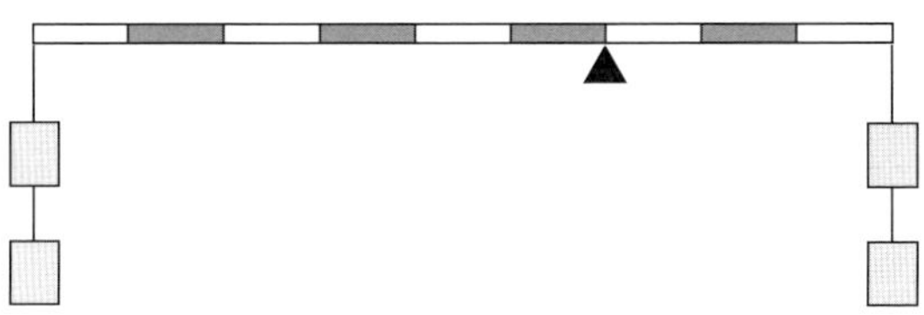

b)

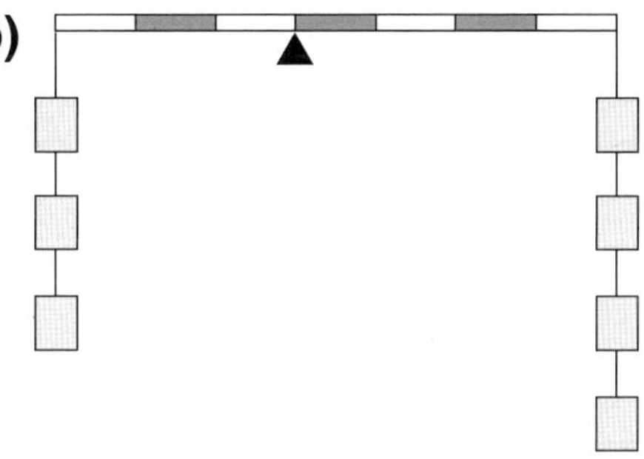

____

____

c) Wie könnte man ein Gleichgewicht herstellen?

____

____

5 Zeichne den Drehpunkt so ein, dass Gleichgewicht besteht.

a)

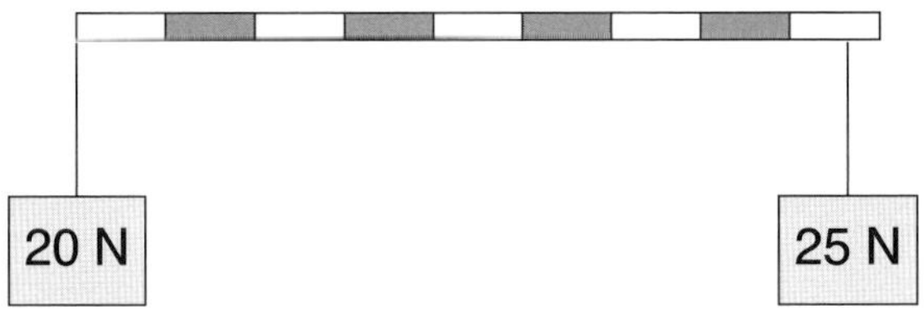

b)

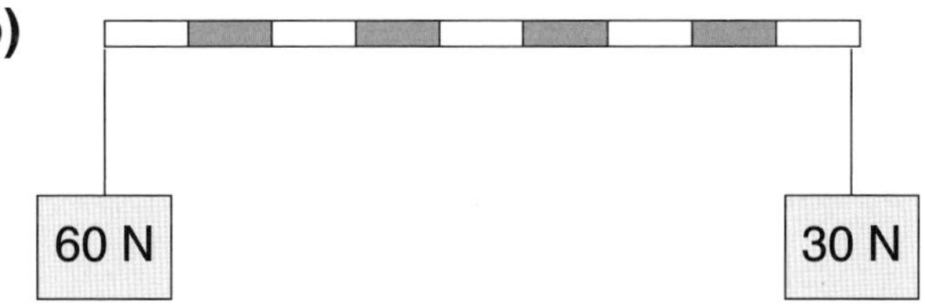

6 Archimedes behauptete: „Gebt mir einen festen Punkt und ich werde die Welt aus den Angeln heben!"

a) Was hatte er vor?

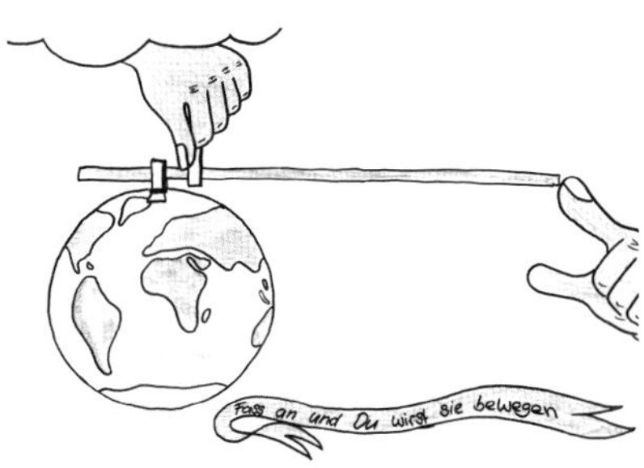

____

____

____

b) Warum ist sein Vorhaben zwar theoretisch, aber nicht praktisch möglich? Gehe dabei auf die Funktion des „festen Punktes" ein.

____

____

Hebel (1)

① **Sophie hat die Hebel in zwei Gruppen eingeteilt. Dabei sind ihr einige Fehler unterlaufen. Berichtige sie.**

Einseitige Hebel	Zweiseitige Hebel
Zange	Flaschenöffner
Schere	Bahnschranke
Brechstange ohne Drehpunkt	Schubkarre
Balkenwaage	Schaufel
Hammer	Wippe

② **In nebenstehender Skizze ist ein Hebel abgebildet.**

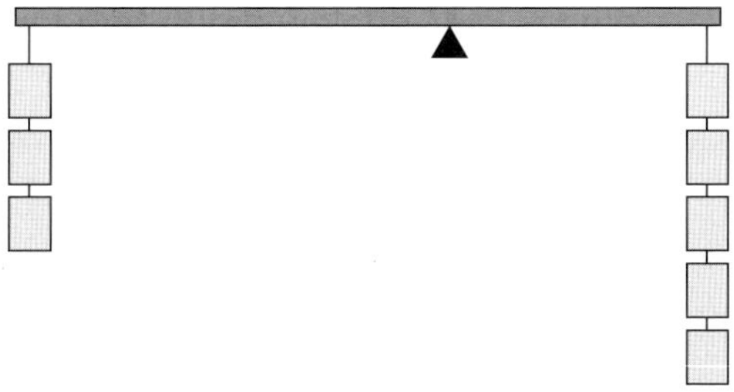

a) Beschrifte die Kraftarme und die wirkenden Kräfte und formuliere das Hebelgesetz.

____

____

Kurz: ____

b) Berechne die fehlenden Werte.

F_1 in N	F_2 in N	l_1 in cm	l_2 in cm
40	10		20
	60	90	30
50		12	25
12	8	40	

③ **Mit einer 2 m langen Stange hebt Jonas eine schwere Kiste an. Dazu legt er die Stange auf einen 0,5 m von der Kiste entfernten Stein und drückt mit 100 N auf das andere Ende der Stange.**

a) Fertige eine Skizze an und trage die gegebenen Größen ein.

b) Berechne die Gewichtskraft der angehobenen Kiste.

4 **Besteht in folgenden Fällen Gleichgewicht? Begründe deine Feststellung.**

a)

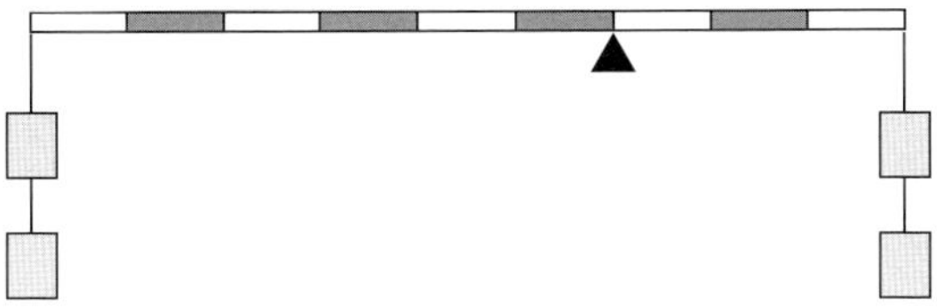

b)

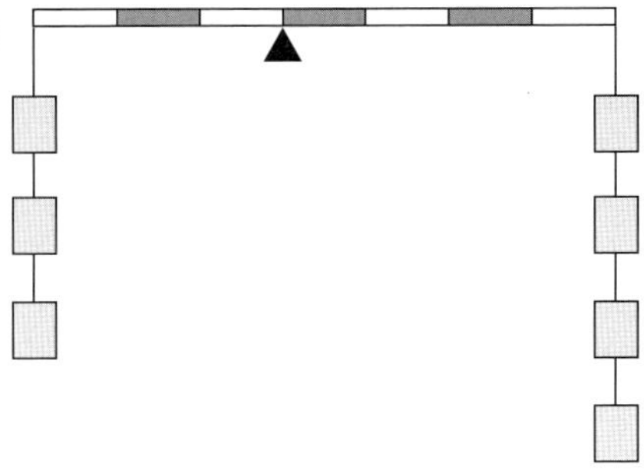

c) Wie könnte man ein Gleichgewicht herstellen?

5 **Zeichne den Drehpunkt so ein, dass Gleichgewicht besteht.**

a)

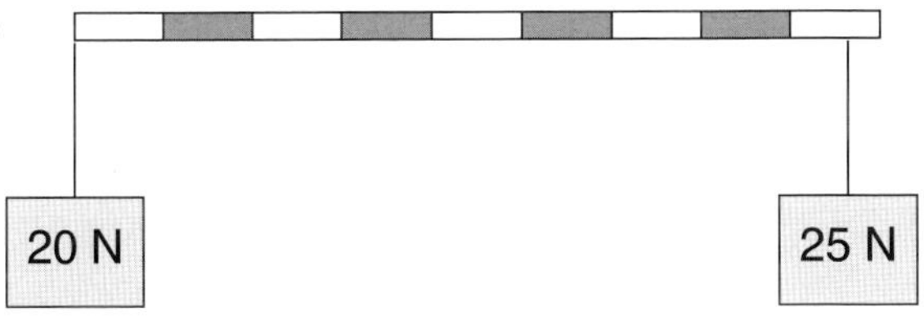

b)

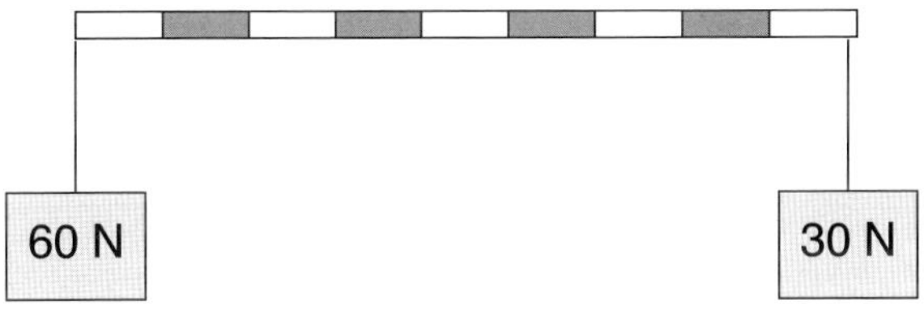

6 **Archimedes behauptete: „Gebt mir einen festen Punkt und ich werde die Welt aus den Angeln heben!“**

a) Was hatte er vor?

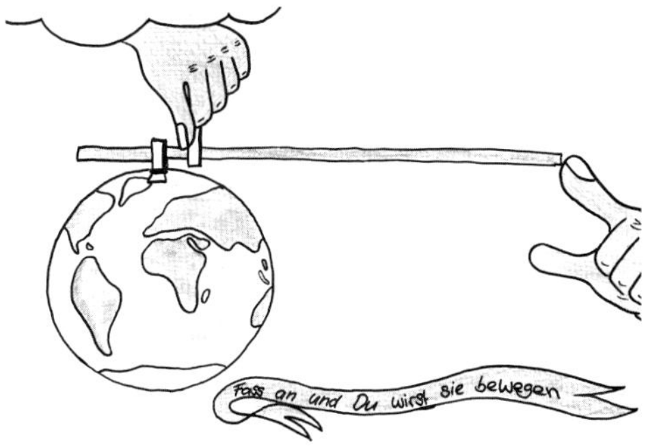

b) Warum ist sein Vorhaben zwar theoretisch, aber nicht praktisch möglich?
Gehe dabei auf die Funktion des „festen Punktes“ ein.

Die geneigte Ebene – Experiment

INFO

Mit geneigten Ebenen kann man schwere Körper mit einer kleineren Kraftanstrengung bewegen oder heben.

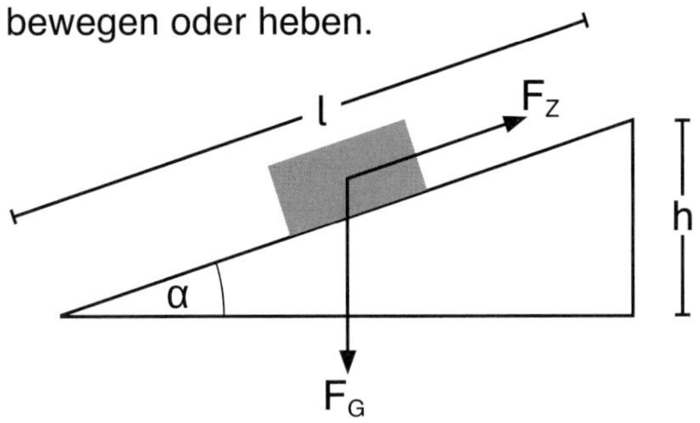

F_Z – Zugkraft = Hangabtriebskraft

F_G – Gewichtskraft

h – Höhe der geneigten Ebene

l – Länge der geneigten Ebene

Aufgabe:

Überprüfe experimentell den Zusammenhang zwischen den Kräften und Längen an einer geneigten Ebene.

Aufbau:

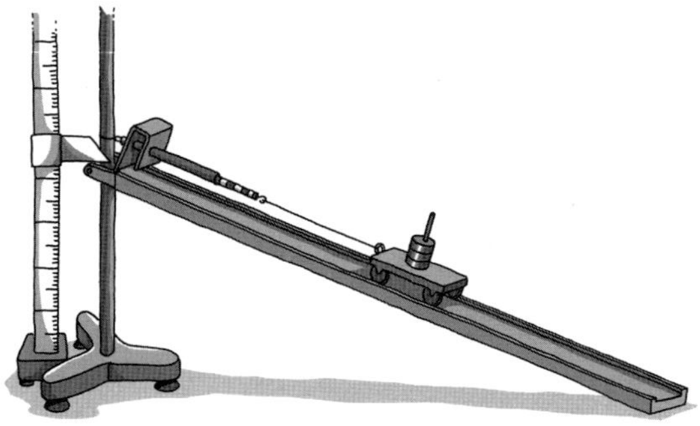

Durchführung:

1. Bestimme mit einem Federkraftmesser die Gewichtskraft F_G des Probekörpers und trage sie in die Tabelle ein.
2. Stelle die Höhe h der geneigten Ebene ein.
3. Bestimme die Zugkraft F_{Zug} für die verschiedenen Längen l und vervollständige die Tabelle.
4. Berechne die Quotienten $\frac{FZ}{FG}$ und $\frac{h}{l}$.

F_Z in N	F_G in N	h in cm	l in cm	$\frac{FZ}{FG}$	$\frac{h}{l}$
0,8	1	20	25	0,8	0,8
		20	30		
		20	35		
		20	40		
		20	45		
		20	50		

Auswertung:

Vergleiche (<; >; =) : $\frac{FZ}{FG}$ ☐ $\frac{h}{l}$

Formuliere das Gesetz für die geneigte Ebene:

____

____

Geneigte Ebene

Bob möchte die Steine mit der Schubkarre auf einen höheren Absatz transportieren.

a) Bei welcher Rampe benötigt er die kleinste Kraftanstrengung? Begründe deine Entscheidung.

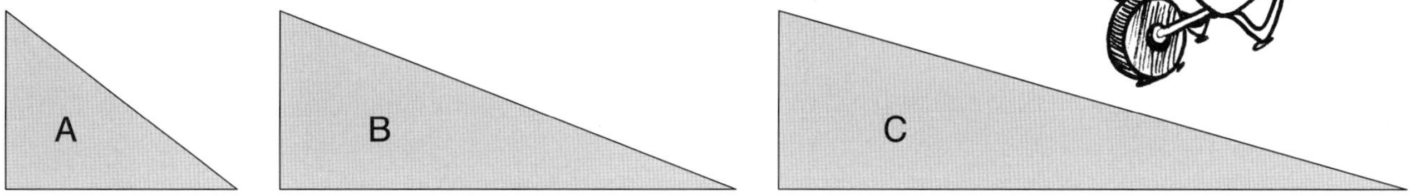

b) Die Tabelle stellt den idealen Zusammenhang zwischen der notwendigen Kraft und der Rampenlänge dar.

	ohne Rampe	**Rampe A**	**Rampe B**	**Rampe C**
Rampenlänge bzw. Höhe	1 m	2 m	3 m	5 m
Notwendige Kraft	600 N	300 N		

Vervollständige die Tabelle und den Zusammenhang zwischen Rampenlänge und Kraft.

Je länger die Rampe, desto ______________________.

c) Benötigt er tatsächlich mehr oder weniger Kraft als berechnet? Begründe.

d) Bob möchte eine neue Rampe bauen, die fünfmal so lang ist wie Rampe C.

Welchen Vorteil hat die lange Rampe?

Welchen Nachteil hat die lange Rampe?

Geneigte Ebene

Bob möchte die Steine mit der Schubkarre auf einen höheren Absatz transportieren.

a) Bei welcher Rampe benötigt er die kleinste Kraftanstrengung?

Begründe deine Entscheidung.

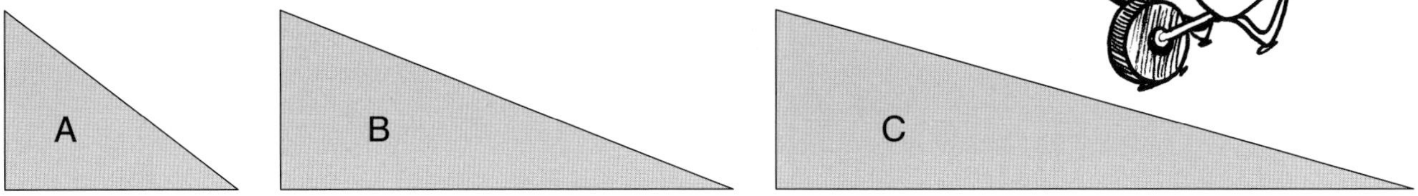

b) Die Tabelle stellt den idealen Zusammenhang zwischen der notwendigen Kraft und der Rampenlänge dar.

	ohne Rampe	**Rampe A**	**Rampe B**	**Rampe C**
Rampenlänge bzw. Höhe	1 m	2 m	3 m	5 m
notwendige Kraft	600 N	300 N		

Vervollständige die Tabelle und formuliere aus dem Zusammenhang eine Aussage mit einem Je-desto-Satz.

c) Benötigt er tatsächlich mehr oder weniger Kraft als berechnet? Begründe.

d) Bob überlegt sich, eine neue Rampe zu bauen, die fünfmal so lang ist wie Rampe C. Ist das zweckmäßig? Begründe deine Aussage.

Lernzielkontrolle (1)

❶ **Wahr oder falsch? Kreuze richtige Aussagen an.**

☐ Mit losen Rollen kann man Kraft sparen.

☐ Mit festen Rollen kann man Kraft sparen.

☐ Umso länger der Kraftarm, desto größere Kräfte kann man sparen.

☐ Je mehr Rollen ein Flaschenzug hat, umso kürzer ist der Zugweg.

❷ **Auf einer Wippe sitzt ein Kind (400 N) ca. 3 Meter vom Drehpunkt entfernt. Wo muss sich das 2. Kind (600 N) hinsetzen, damit ein Gleichgewicht besteht?**

a) Trage die gegebenen Größen in die Skizze ein.

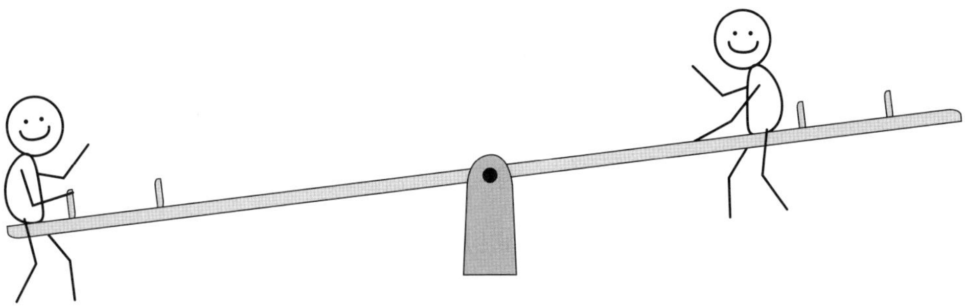

b) Berechne den Abstand des zweiten Kindes zum Drehpunkt.

F_1 = 400 N | **$F_1 \cdot l_1 = F_2 \cdot l_2$** | **$l_2$ =** ____________

F_2 = ____________ | **l_2 =** ____________ | **l_2 =** ____________

l_1 = ____________ | **l_2 =** ____________ | **Antwortsatz:**

❸ **Wie heißen folgende kraftumformenden Einrichtungen. Berechne.**

____

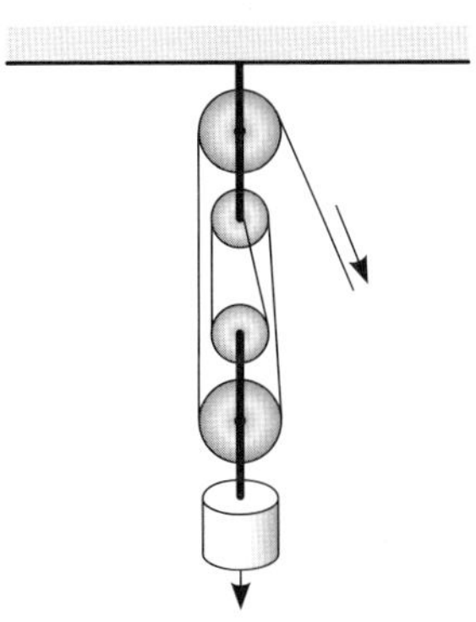

F_G in N	F_{zug} in N
200	
600	
	30
	12,5

____

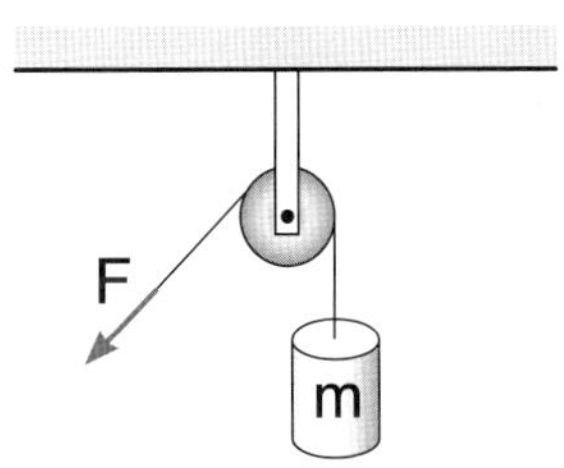

F_G in N	F_{zug} in N
200	
600	
	30
	12,5

Notiere jeweils den Zusammenhang zwischen F_G und F_{Zug}.

____

____

Lernzielkontrolle (2)

❹ **Mit einem Flaschenzug möchte ein Auto einen kleinen LKW aus dem Schlamm ziehen. Wo müssen Auto und LKW sich befestigen, damit das leichtere Auto den LKW ziehen kann?**

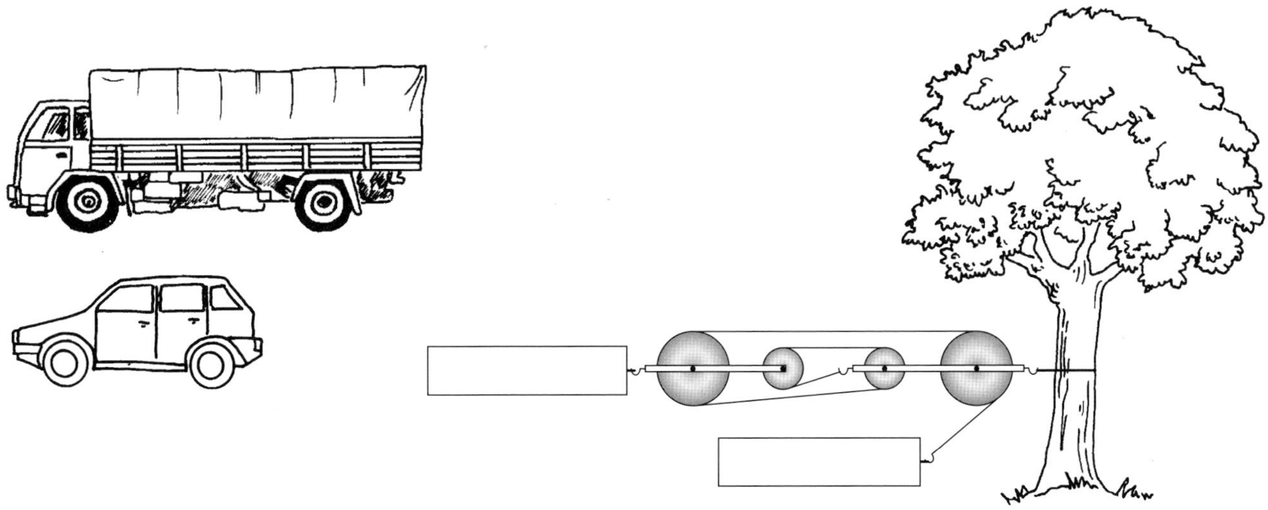

❺ **Berechne die fehlenden Werte mit dem Hebelgesetz: $F_1 \cdot l_1 = F_2 \cdot l_2$**

F_1 in N	F_2 in N	l_1 in cm	l_2 in cm
	160	10	2,5
30		15	4,5
10	10		2,5
250	1000	120	

❻ **Beim Pyramidenbau wurden Rampen verwendet, um die schweren Steine von ca. 2000 kg 20 Meter hoch zu transportieren. Zehn Arbeiter zogen gemeinsam, jeder mit einer Kraft von ungefähr 250 N.**

a) Schätze, wie lang die Rampe war. (Reibung wird vernachlässigt.)

(I) 1,6 m (II) 16 m (III) 160 m (IV) 1600 m

b) Überprüfe deine Antwort durch eine Rechnung.

$F_Z = 10 \cdot 250\ N =$ ________ $\frac{FZ}{FG} = \frac{h}{l}$ $l =$ ________

$F_G = 2000\ kg \cdot 9{,}81\ \frac{N}{kg} =$ ________ $l =$ ________ **Antwortsatz:**

$h = 20\ m$ $l =$ ________

Lernzielkontrolle (1)

① **Wahr oder falsch? Kreuze richtige Aussagen an.**

- ☐ Mit losen Rollen kann man Kraft sparen.
- ☐ Mit festen Rollen kann man Kraft sparen.
- ☐ Umso länger der Kraftarm, desto größere Kräfte kann man sparen.
- ☐ Je mehr Rollen ein Flaschenzug hat, umso kürzer ist der Zugweg.

② **Auf einer Wippe sitzt ein Kind (400 N) ca. 3 Meter vom Drehpunkt entfernt. Wo muss sich das zweite Kind (600 N) hinsetzen, damit ein Gleichgewicht besteht?**

a) Fertige eine Skizze an und trage die gegebenen Größen ein.

b) Berechne den Abstand des zweiten Kindes zum Drehpunkt.

③ **Wie heißen folgende kraftumformenden Einrichtungen. Berechne die fehlenden Werte und formuliere eine physikalische Gesetzmäßigkeit.**

____

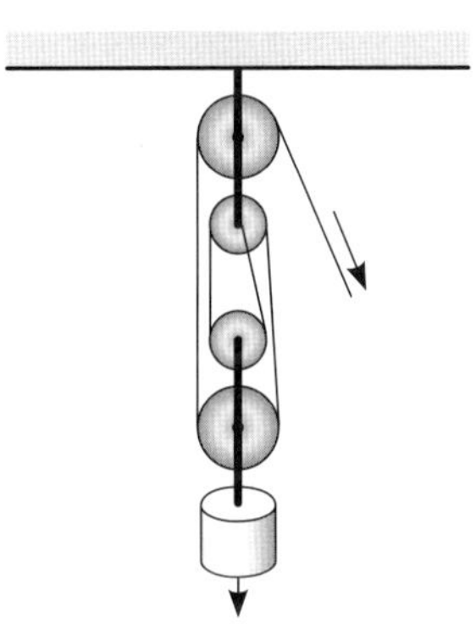

F_G in N	F_{zug} in N
200	
600	
	30
	12,5

____

____

____

____

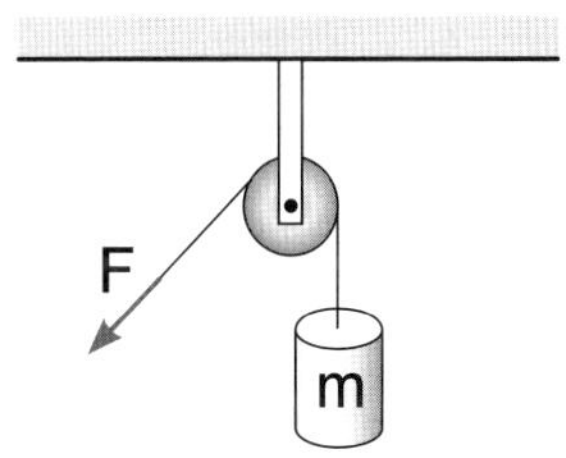

F_G in N	F_{zug} in N
200	
600	
	30
	12,5

____

____

____

Lernzielkontrolle (2)

④ **Mit einem Flaschenzug möchte ein Auto einen kleinen LKW aus dem Schlamm ziehen. Wo müssen Auto und LKW sich befestigen, damit das leichtere Auto den LKW ziehen kann?**

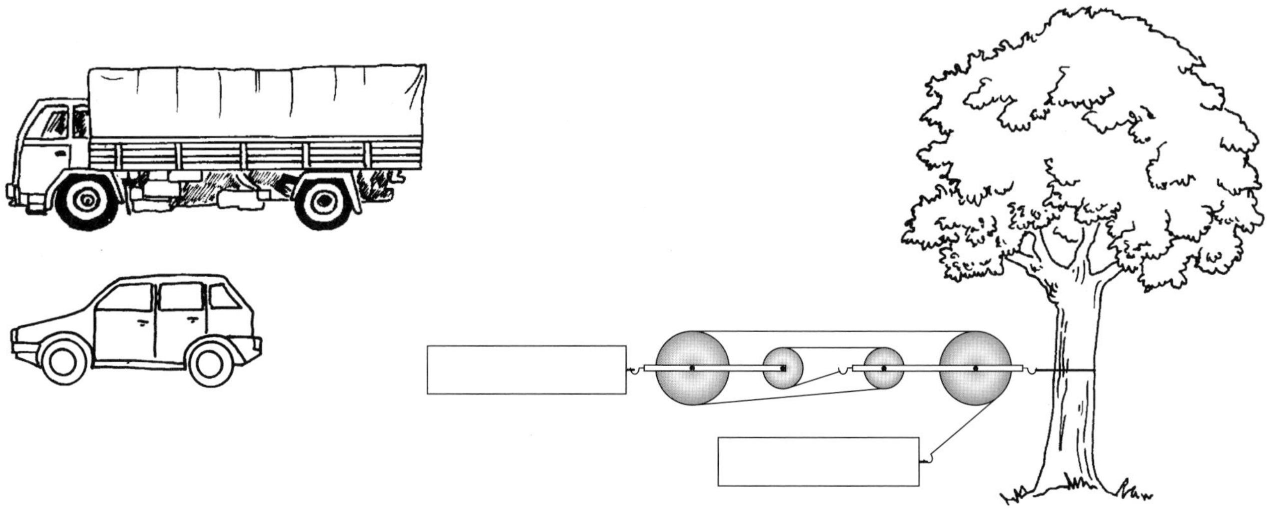

⑤ **Formuliere das Hebelgesetz. Berechne die fehlenden Werte.**

F_1 in N	F_2 in N	l_1 in cm	l_2 in cm
	160	10	2,5
30		15	4,5
10	10		2,5
250	1 000	120	

⑥ **Beim Pyramidenbau wurden Rampen verwendet, um die schweren Steine von ca. 2 Tonnen 20 Meter hoch zu transportieren. Zehn Arbeiter zogen gemeinsam, jeder mit einer Kraft von ungefähr 250 N.**

a) Schätze, wie lang die Rampe war. (Reibung wird vernachlässigt.)

(I) 1,6 m (II) 16 m (III) 160 m (IV) 1 600 m

b) Überprüfe deine Antwort durch eine Rechnung.

INFO

Der **Druck** gibt an, mit welcher Kraft F ein Körper senkrecht auf eine Fläche A einwirkt.
Wir unterscheiden:

Der **Auflagedruck** entsteht aufgrund der Gewichtskraft F_G eines Körpers auf eine Auflagefläche A.

Formelzeichen: p   Einheit: 1 Pascal, 1 Pa   Berechnung: $p = \frac{F}{A}$

❶ Der Auflagedruck und die Auflageflächen sind bei diesen Schuhen sehr unterschiedlich.

a) Vergleiche die Auflageflächen: (größer, kleiner, gleich)

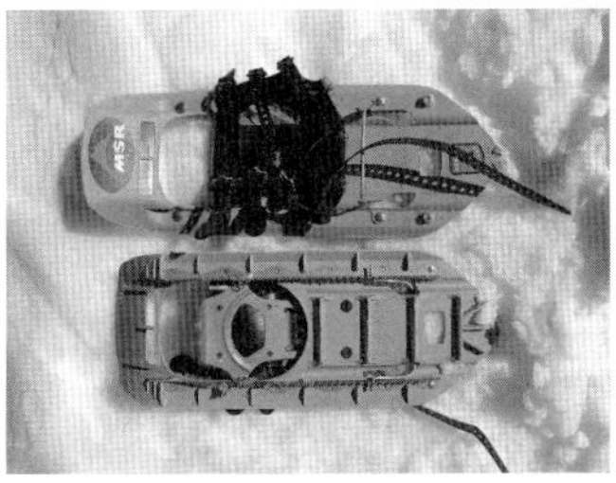

Auflagefläche: ______________________________

Auflagedruck: ______________________________

b) Vervollständige den Zusammenhang zwischen Auflagefläche und Auflagedruck.

Je größer die Auflagefläche, desto ______________________________.

c) Welcher Kurvenverlauf stellt diesen Zusammenhang in dem Diagramm dar?

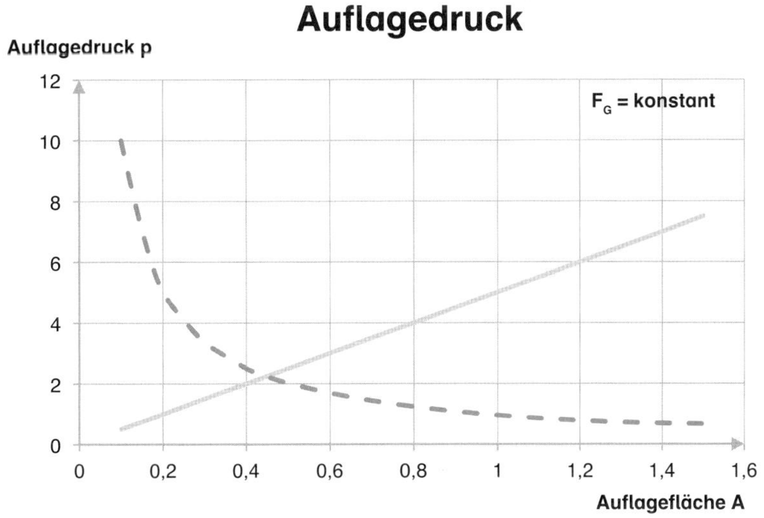

❷ Wahr oder falsch? Kreuze richtige Aussagen an.

Wird die Auflagefläche verdoppelt,

☐ so verdoppelt sich der Auflagedruck bei gleicher Gewichtskraft.

☐ so halbiert sich der Auflagedruck bei gleicher Gewichtskraft.

Auflagedruck mit Hilfekärtchen (2)

❸ Finde die Fehler und korrigiere sie

$A = F \cdot \rho$

$F = \frac{\rho}{A}$

23 kPa = 230 Pa

750 kPa = 7,5 MPa

Tipp!
$\rho = \frac{F}{A}$
1000 Pa = 1 kPa
1000 kPa = 1 MPa

❹ Tobias steht im Schnee und staunt wie tief er versinkt.

a) Berechne seinen Auflagedruck, wenn er 80 kg schwer ist und die Auflagefläche seiner Schuhe 0,06 m^2 groß ist. Berechne zuerst die Gewichtskraft F_G von Tobias.

m = 80 kg | **$F_G = m \cdot g$** | **$p = \frac{F}{A}$** | **p =**

$A = 0{,}06\ m^2$ | **F_G =** ____________ | **p =** ____________

F_G = ____________ | **Antwortsatz:**

b) Nach kurzer Überlegung behauptet er, dass sein Bruder Timo einen mindestens doppelt so großen Druck wie eine Schneeraupe ausübt.

Die Schneeraupe übt auf den Schnee einen Druck von 4 000 Pa aus.

Timo ist 60 kg schwer und die Auflagefläche seiner Schuhe ist 0,05 m^2 groß.

Beurteile die Aussage von Timos Bruder und begründe durch eine Rechnung.

Hilfekärtchen!

c) Wie ist das möglich?

____

____

Auflagedruck (1)

① **Vervollständige den Lückentext.**

Der Druck gibt an, mit welcher ____________ ein Körper senkrecht auf ____________________

einwirkt. Der Auflagedruck ist die Kraft, die ein ______________________________ mit seiner

____________________ auf eine Unterlage ausübt. Der Druck hat das Formelzeichen ______

und wird in der Einheit __________ angegeben.

② **Der Auflagedruck ist bei diesen Schuhen sehr unterschiedlich.**

a) Vergleiche.

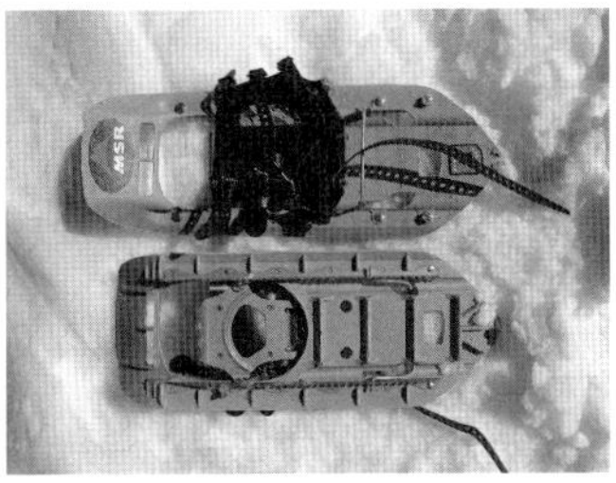

____

____

b) Begründe deine Behauptung mit einer Je-desto-Aussage.

____

c) Welcher Kurvenverlauf stellt diesen Zusammenhang in dem Diagramm dar?

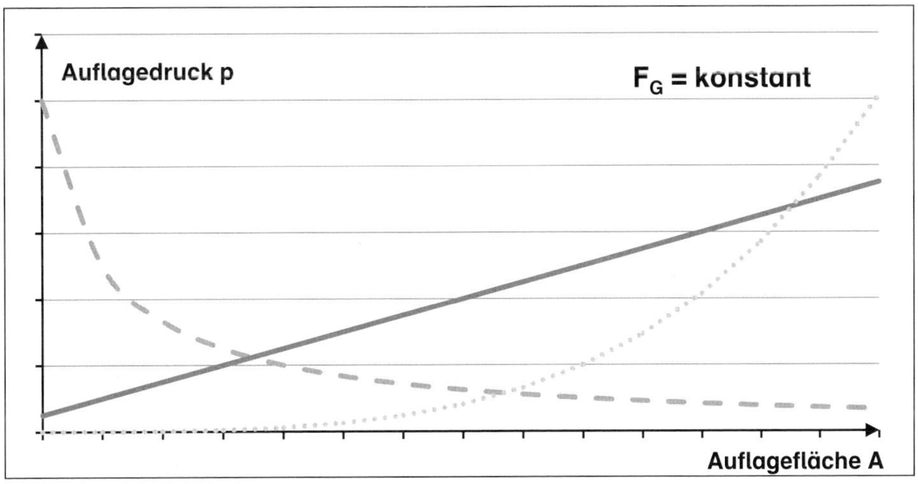

③ **Wahr oder falsch? Kreuze richtige Aussagen an.**

Wird die Auflagefläche verdoppelt,

- ☐ so verdoppelt sich der Auflagedruck bei gleicher Gewichtskraft.
- ☐ so halbiert sich der Auflagedruck bei gleicher Gewichtskraft.
- ☐ so verdoppelt sich die Gewichtskraft bei gleichem Auflagedruck.
- ☐ so halbiert sich die Gewichtskraft bei gleichem Auflagedruck.

④ **Finde die Fehler und korrigiere sie.**

$A = F \cdot p$

$F = \frac{p}{A}$

$p = \frac{A}{F}$

23 kPa = 230 Pa

6850 Pa = 6850000 kPa

750 kPa = 7,5 MPa

⑤ **Wie viel Pa fehlen 24,8 MPa zu 25 MPa?**

⑥ **Tobias steht im Schnee und staunt, wie tief er versinkt.**

a) Berechne seinen Auflagedruck, wenn er 80 kg schwer ist und seine Schuhsohlen jeweils 0,03 m^2 groß sind?

b) Nach kurzer Überlegung behauptet er, dass sein Bruder Timo einen mindestens doppelt so großen Druck wie eine Schneeraupe ausübt. Timo hat eine Masse von 60 kg, seine Skischuhe haben jeweils eine Fläche von 0,025 m^2. Die Schneeraupe hat eine Masse von 4000 kg und übt auf den Schnee einen Druck von 4000 Pa aus.

Stimmt das? Begründe deine Aussage durch eine Rechnung.

c) Wie ist das möglich?

Schweredruck (1)

INFO

Schweredruck in Flüssigkeiten und Gasen entsteht aufgrund der Gewichtskraft F_G der Flüssigkeit oder des Gases / Luft (Luftdruck). Er ist von der Höhe h und der Dichte ρ der Flüssigkeit oder des Gases abhängig.

Formelzeichen: p Einheit: 1 Pascal, 1 Pa Berechnung: $p = \rho \cdot g \cdot h$

❶ **Die Flüssigkeit in den Gefäßen ist gleich hoch. Vergleiche (<; >; =) die Schweredrücke am Boden der Gefäße miteinander:**

a) p_1 p_2, p_1 p_3,

p_1 p_4 p_1 p_5

p_3 p_4 p_4 p_5

Tipp!
Dichte Wasser > Dichte Öl

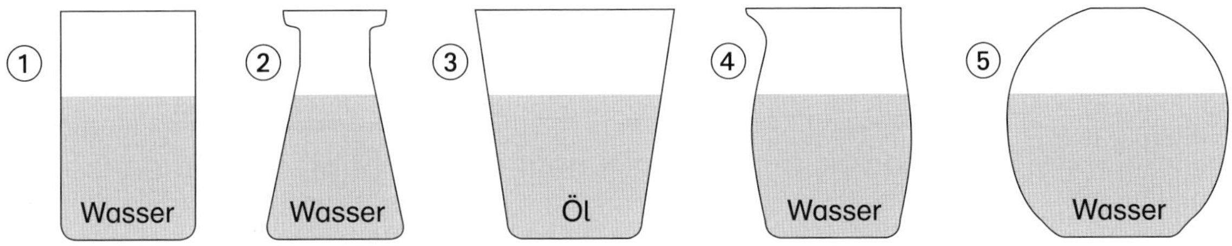

b) Vergleiche (<; >; =) die auf dem Boden wirkenden Kräfte.

F_1 F_2 F_1 F_3 F_1 F_4

F_1 F_5 F_3 F_4 F_4 F_5

c) Vervollständige die gefundenen Zusammenhänge.

Der Schweredruck ist von der Gefäßform ______________________________.

Je größer die Dichte der Flüssigkeit, umso ______________ der Schweredruck.

❷ **Wie ändert sich der Schweredruck p auf das Tauchboot, wenn es sich unter dem Schiff befindet?**

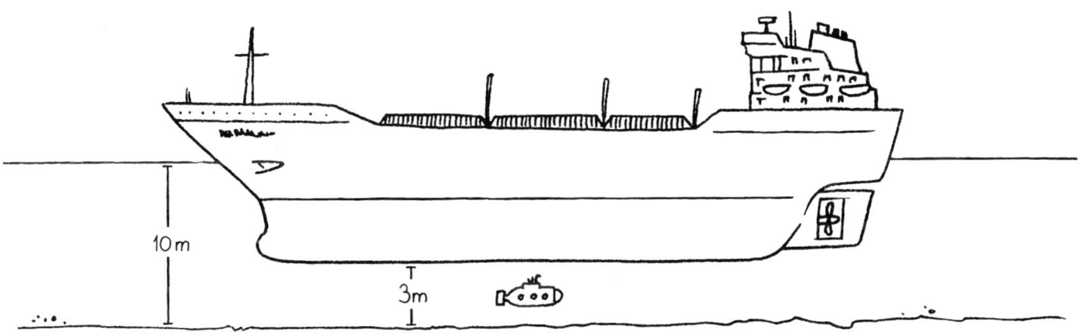

____

____

____

____

Schweredruck (2)

❸ Ein Muscheltaucher mit einer Oberfläche A von ca. 1,5 m² taucht im Meer 12 Meter tief.

Benötigte Gleichungen:
$p = \rho \cdot g \cdot h$
$p = \frac{F}{A}$
$F = m \cdot g$

a) Wie groß ist dort der Schweredruck p?
(Dichte Meerwasser: $1{,}02 \frac{g}{cm^3} = 1020 \frac{kg}{m^3}$)

$h = 12$ m

$\rho = 1020 \frac{kg}{m^3}$

$g = 9{,}81 \frac{N}{kg}$

b) Wie groß ist die Kraft F, die auf den Taucher wirkt?

$A = 1{,}5$ m²

c) Welcher Masse m entspricht diese Kraft?

$g = 9{,}81 \frac{N}{kg}$

d) Kreuze richtige Aussagen an.
Fische werden durch diese Kraft nicht zerquetscht, weil …

- ☐ Fische an den Druck und die Kraft angepasst sind.
- ☐ Fische starke Muskeln haben.
- ☐ Fische fast nur aus Wasser bestehen.

e) Warum gibt es keine Tiefseefische im Aquarium?

____

____

f) Taucher können die Taucherkrankheit bekommen.
Was ist das und wie können sie sich davor schützen?

____

Tipp! Recherchiere im Internet

Lösungen: 18360; 120074; 180112

Schweredruck (1)

① **Die Flüssigkeit in den Gefäßen ist gleich hoch. Vergleiche (<; >; =) die Schweredrücke am Boden der Gefäße miteinander.**

a) p_1 p_2, p_1 p_3,

p_1 p_4 p_1 p_5

p_3 p_4 p_4 p_5

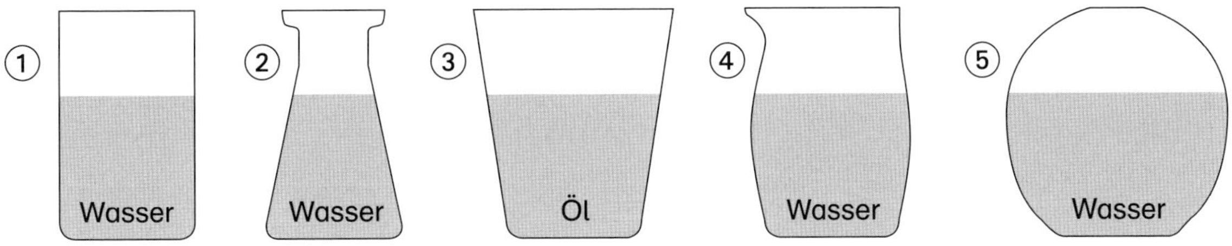

b) Vergleiche (<; >; =) die auf dem Boden wirkenden Kräfte.

F_1 F_2, F_1 F_3 F_1 F_4

F1, F_5 F_3 F_4, F_4 F_5

c) Formuliere deine Erkenntnisse in zwei Sätzen.

② **Den Schweredruck p berechnet man mit der Formel $p = \varrho \cdot g \cdot h$**

a) Gib die Bedeutung der 3 Größen in der Formel an.

b) Vervollständige folgende Aussagen.

Je höher die Flüssigkeitssäule, desto ______________ der Schweredruck.

Je ______________ die Dichte der Flüssigkeit, desto größer der Schweredruck.

③ **Ein Spezialtauchboot taucht am Meeresboden in ca. 10 m Tiefe im Abstand von 3 m unter dem Schiffsrumpf eines Schiffes durch.**

Fertige eine Skizze an, trage die gegebenen Maße ein und entscheide, wie sich der Schweredruck auf das Tauchboot unter dem Schiff ändert.

Skizze:

Schweredruck (2)

④ **Ein Muscheltaucher mit einer Oberfläche von ca. 1,5 m² taucht im Meer 12 Meter tief.**

a) Wie groß ist dort der Schweredruck? (*Dichte Meerwasser: 1,02* $\frac{g}{cm^3}$ *= 1020* $\frac{kg}{m^3}$)

b) Wie groß ist die Kraft, die auf den Taucher wirkt?

c) Welcher Masse entspricht diese Kraft?

d) Warum werden Fische durch diese Kraft nicht zerquetscht?

e) Warum gibt es keine Tiefseefische im Aquarium?

f) Warum sollte ein Taucher aus der Tiefe langsam auftauchen?

Luftdruck

INFO

Der Luftdruck entsteht aufgrund der Gewichtskraft der Luft. In einem luftleeren Raum, einem Vakuum, herrscht ein Unterdruck. In einem aufgepusteten Luftballon ist ein Überdruck.

Formelzeichen: p   Einheit: 1 Pascal, 1 Pa   Messgerät: Barometer

❶ **Andrea hat in ihrem Haus an unterschiedlichen Orten den Luftdruck gemessen und verschieden notiert.**

1 013 hPa;   114 kPa;   88 000 Pa;   0,134 MPa;   75 kPa

a) Ordne die Werte der Größe nach.

b) An welchem Ort könnte sie den Luftdruck in ihrem Haus gemessen haben?

75 kPa   < ________   < ________   < ________   < ________

________   ________   ________   Erd-   ________

________   ________   ________   geschoss   ________

c) Andrea zieht aus ihrem kleinen Experiment Schlussfolgerungen. Beurteile diese.

☐ Der Luftdruck ist in den verschiedenen Zimmern unterschiedlich.

☐ Der Luftdruck ist in einer Etage gleich groß.

☐ Der Luftdruck ist im Keller am größten.

d) Andrea weiß, dass der Mensch eine Oberfläche von ca. 1,7 m² hat. Welche Kraft wirkt auf einen Menschen bei einem Luftdruck von 1013 hPa?

p = 1013 hPa   **$p = \frac{F}{A}$**   **F =** ________

A = 1,7 m²   **F =** ________   **F =** ________

Antwortsatz:

e) Welcher Masse entspricht das ungefähr?

F = m · g   **m =** ________

g = 9,81 $\frac{N}{kg}$ **m =** ________   **kg =** ________ **t**

m = ________   **Antwortsatz:**

Luftdruck

① **Vervollständige den Lückentext.**

Der Luftdruck entsteht ____. Er wird mit einem

_________________________ gemessen. Wir nutzen den Luftdruck z. B. ____________________

_________________. In einem luftleeren Raum entsteht ein __________________, dort herrscht

ein _____________ Druck.

② **Andrea hat in ihrem Haus an unterschiedlichen Orten den Luftdruck gemessen und verschieden notiert.**

1 013 hPa; 114 kPa; 88 000 Pa; 0,134 MPa; 75 kPa

a) Ordne die Werte der Größe nach.

b) An welchem Ort könnte sie den Luftdruck in ihrem Haus gemessen haben?

_________ < _________ < _________ < _________ < _________

_________ _________ _________ _________ _________

_________ _________ _________ _________ _________

c) Andrea zieht aus ihrem kleinen Experiment Schlussfolgerungen. Beurteile diese.

☐ Der Luftdruck ist in den verschiedenen Zimmern unterschiedlich.
☐ Der Luftdruck ist in einer Etage gleich groß.
☐ Der Luftdruck ist im Keller am größten.

d) Nun kann Andrea endlich erklären, warum sich eine luftgefüllte, fest verschlossene Trinkflasche bei der Fahrt von einem Berg in das Tal verformte. Welche Beobachtung machte Andrea? Begründe deine Aussage.

____

____

____

____

e) Berechne die Kraft, die auf eine Fläche von 1 m^2 bei einem Luftdruck von 1 013 hPa wirkt. Welcher Masse entspricht das ungefähr?

Otto von Guericke

❶ **In diesem Lebenslauf stimmen 9 Fakten nicht. Recherchiere und korrigiere sie.**

Otto Guericke wurde 1602 als Sohn eines alten Patriziergeschlechts in Marburg geboren. Nach einer angemessenen Erziehung und Ausbildung von Privatlehrern studierte er zuerst Jura und später Pädagogik.

Im Jahre 1626 wurde Otto Guericke in Magdeburg Ratsherr und Ratsbaumeister und war für den Wiederaufbau der Stadt nach der Zerstörung durch die Truppen von Napoleon verantwortlich.

Nebenbei experimentierte er und interessierte sich sehr für die Herstellung eines Vakuums. Da seine Familie Winzerrechte besaß, waren Weinfässer ausreichend vorhanden.

Zuerst versuchte er aus ihnen die Luft herauszupumpen, später nahm er Kupferkugeln. In diesen Jahren entwickelte er Pumpen und erfand die Vakuumpumpe.

Er veranstaltete spektakuläre Schauexperimente zum Beispiel sein „Magdeburger Halbkugel"- Versuch.

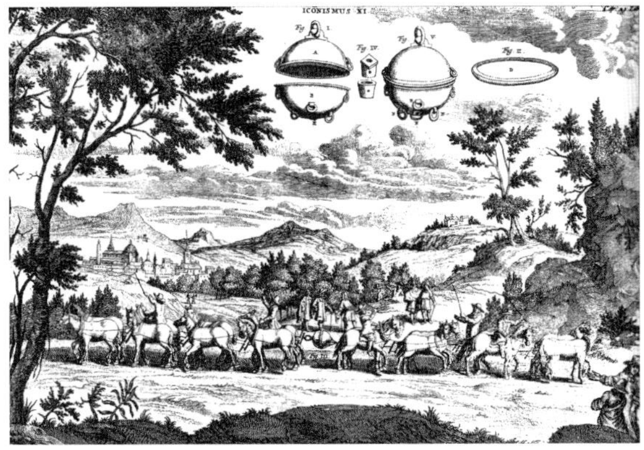

Die Luft zwischen den Halbkugeln wurde herausgepumpt, sodass der äußere Luftdruck die beiden Halbkugeln aneinanderpresste. Nur mit Mühe konnten 16 Pferde auf jeder Seite die Kugeln trennen.

An seinem Haus in Magdeburg befestigte Otto Guericke ein Gerät, mit der er das Wetter vorhersagen konnte – das „Magdeburger Wetterhähnchen". Veränderte sich der Luftdruck, bewegte es sich hoch oder runter und zeigte so schönes oder schlechtes Wetter an.

Er wurde sehr berühmt und 1666 wurde er von Kaiser Wilhelm in den Adelsstand erhoben. Nun nannte er sich Otto von Guericke. Nach Ausbruch der Pest lebte er in Hamburg und verstarb dort im Jahre 1686.

Die Magdeburger verehren auch heute noch ihren großen Naturwissenschaftler und haben unter anderem die Universität, eine Straße und eine Brauerei nach ihm benannt.

Otto von Guericke

① **In diesem Lebenslauf stimmen 10 Fakten nicht. Recherchiere und korrigiere sie.**

Otto Guericke wurde 1602 als Sohn eines alten Patriziergeschlechts in Marburg geboren. Nach einer angemessenen Erziehung und Ausbildung von Privatlehrern begann er ein Jurastudium in Leipzig, setzte es in Helmstedt und Jena fort. Später studierte er Maschinenkunde, Mathematik und Naturwissenschaften in Holland.

Im Jahre 1626 wurde Otto Guericke in Magdeburg Ratsherr und Ratsbaumeister und war für den Wiederaufbau der Stadt nach der Zerstörung durch die Truppen von Napoleon verantwortlich. In all den Jahren war er an wissenschaftlichen Experimenten und Erkenntnissen interessiert. Besondere Aufmerksamkeit schenkte er der Herstellung eines Vakuums. Da seine Familie Winzerrechte besaß, waren Weinfässer ausreichend vorhanden. Er versuchte aus ihnen die Luft herauszupumpen, was jedoch misslang, da durch die Ritzen deutlich hörbar die Luft eindrang. Deshalb nahm er später Kupferkugeln mit ausreichender Wandstärke. In diesen Jahren entwickelte er Pumpen und erfand die Vakuumpumpe.

Um den Menschen die Bedeutung des Luftdrucks näherzubringen, veranstaltete er spektakuläre Schauexperimente. 1645 führte er dem Reichstag in Regensburg seine „Magdeburger Halbkugeln“ vor.

Die Luft zwischen den Halbkugeln wurde herausgepumpt, sodass der äußere Luftdruck die beiden Halbkugeln aneinanderpresste. Nur mit Mühe konnten 16 Pferde auf jeder Seite die Kugeln trennen. Noch heute wird in Magdeburg vor vielen begeisterten Zuschauern dieses Experiment vorgeführt.

An seinem Haus in Magdeburg befestigte Otto Guericke eine Apparatur, mit der er das Wetter vorhersagen konnte – das „Magdeburger Wetterhähnchen“. Veränderte sich der Luftdruck, bewegte sich das Hähnchen hoch oder runter und der Schnabel zeigte schönes oder schlechtes Wetter an. 1660 konnte Guericke sogar ein schweres Unwetter vorhersagen.

Nachdem er seine Experimente und dessen Ergebnisse in einem Buch veröffentlichte, wurde er 1666 von Kaiser Wilhelm in den Adelsstand erhoben und nannte sich seit dem Otto von Guericke. Nach Ausbruch der Pest lebte er in Hamburg und verstarb dort im Jahre 1686.

Die Magdeburger verehren auch heute noch ihren großen Naturwissenschaftler und haben die Universität, eine Straße, die Wohnungsbaugenossenschaft, eine Bibliothek, eine Brauerei und ein Museum nach ihm benannt.

Hydraulische Anlagen mit Hilfekärtchen (1)

INFO

Eine hydraulische Anlage besteht aus zwei miteinander verbundenen Kolben, die mit einer Flüssigkeit gefüllt sind.

Verwendung: Hebebühnen, Wagenheber, Bremsen, Pressen, Greifarme beim Bagger

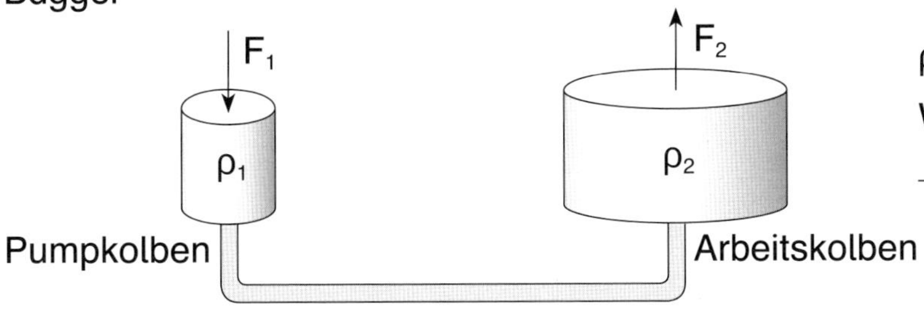

$\rho_1 = \rho_2 = \rho$

Weil $A_1 < A_2$ so ist $F_1 < F_2$

$\frac{F1}{F2} = \frac{A1}{A2}$

❶ Sortiere die Funktionsweise in die richtige Reihenfolge.

- Wirkt auf den Pumpkolben mit der Querschnittsfläche A_1 eine Kraft F_1
- Dadurch wirkt dort dann die Kraft F_2.
- so dass F_2 auch viel größer als F_1 ist.
- Der Druck p tritt in der gesamten Flüssigkeit auf,
- so auch am Arbeitskolben mit der Querschnittsfläche A_2.
- entsteht in der Flüssigkeit ein Druck p.
- Am Arbeitskolben ist bei gleich großem Druck p die Querschnittsfläche A_2 viel
- größer als die Querschnittsfläche A_1 am Pumpkolben,

❷ Hier sind die Kolben vertauscht.

Vergleiche die Kräfte F_1 und F_2 (<; >; =)

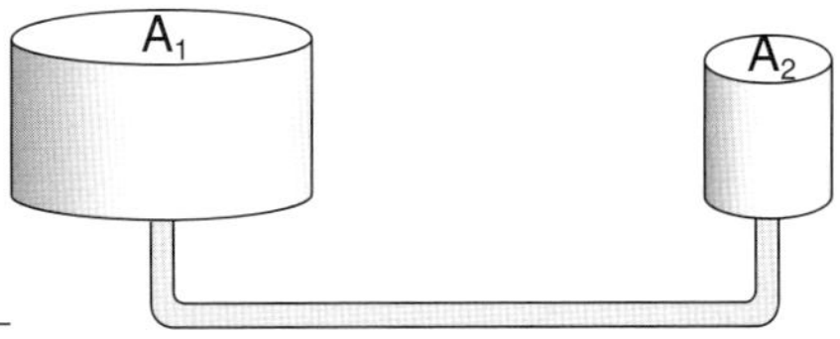

____

❸ Berechne die fehlenden Größen der hydraulischen Anlagen.

F_1	F_2	A_1	A_2
300 N		50 cm	600 cm²
80 000 N	4 000 N	2 000 cm²	

Hydraulische Anlagen mit Hilfekärtchen (2)

4 **Auf den Kolben einer Hebebühne mit einer Querschnittsfläche A_1 von 0,02 m² wirkt eine Kraft F_1 von 100 N.**

Hilfekärtchen!

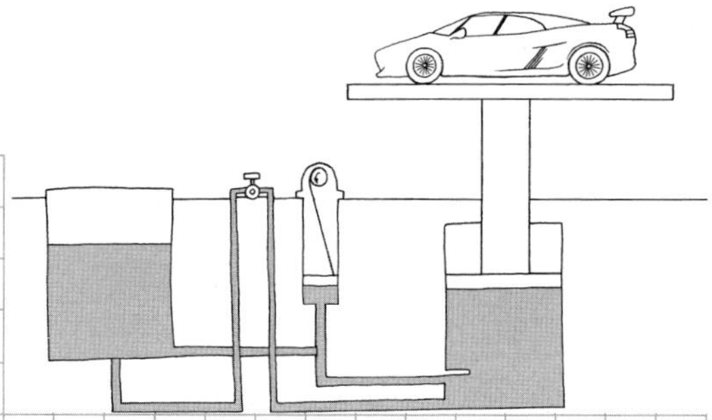

a) Wie groß ist der Druck in der Flüssigkeit?
Hilfekärtchen 1–4

b) Mit der Hebebühne soll ein Auto mit einer Masse m von 800 kg angehoben werden. Wie groß muss die Fläche A_2 des Arbeitskolbens sein?
Hilfekärtchen 5–10

c) Wahr oder falsch? Kreuze wahre Aussagen an.

- ☐ Bei der Hebebühne ist der Hubweg kleiner als der Pumpweg.
- ☐ Bei der Hebebühne ist der Hubweg größer als der Pumpweg.
- ☐ Ist die Fläche des Arbeitskolbens größer, so ist der Hubweg kleiner.
- ☐ Ist die Fläche des Arbeitskolbens größer, so ist der Hubweg größer.

5 **Die Wasserspritzpistole von Lukas nutzt das Prinzip hydraulischer Anlagen. Mit welcher Kraft schießt das Wasser heraus, wenn man mit einer Kraft von 1 N auf eine Fläche von 0,00005 m² drückt und der Arbeitskolben 0,0003 m² groß ist?**

Hilfekärtchen!

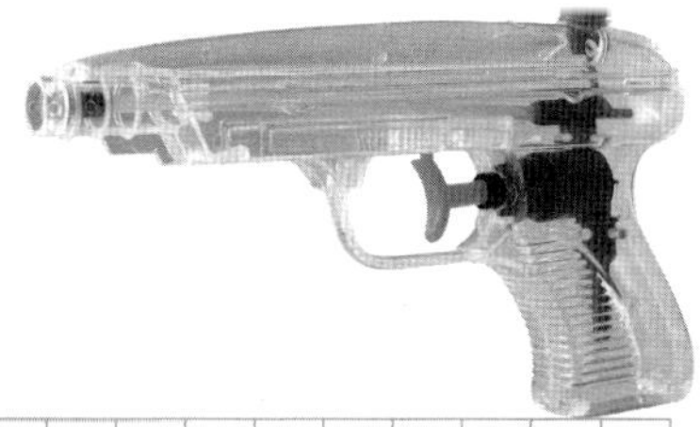

Hydraulische Anlagen (1)

① **Beschrifte die Kolben der hydraulischen Anlage.**

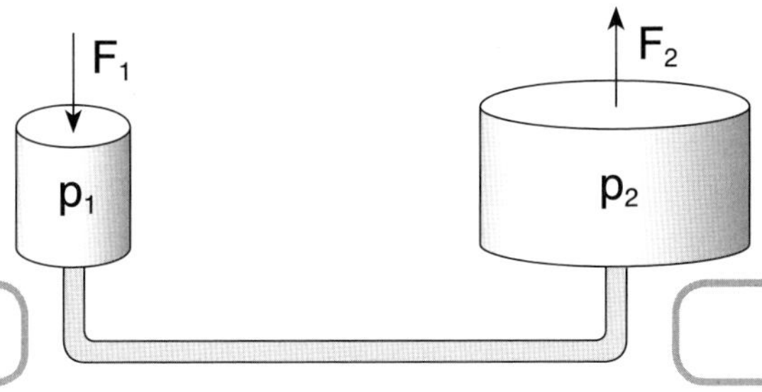

a) Vergleiche.

p_1 ☐ p_2 und F_1 ☐ F_2

b) Beschreibe die Funktionsweise.

____

____

____

② **Hier sind die Kolben vertauscht.**

a) Welche Auswirkungen hat das auf die Kräfte?

____

____

____

____

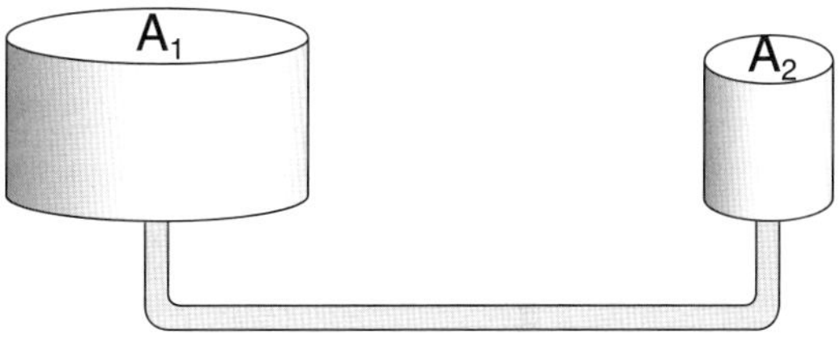

b) Vervollständige.

Ist die Fläche des Arbeitskolbens ______________, so ist die dort wirkende Kraft

________________ als am Pumpkolben. Die Kraft F_1 verhält sich zur Kraft F_2, wie die

__________ zur ______________.

Kurz: ☐

③ **Berechne die fehlenden Größen der hydraulischen Anlagen.**

F_1	F_2	A_1	A_2
300 N		50 cm²	600 cm²
80 000 N	4 000 N	2 000 cm²	

④ **Auf den Kolben einer Hebebühne mit einer Querschnittsfläche von 0,02 m² wirkt eine Kraft von 100 N.**

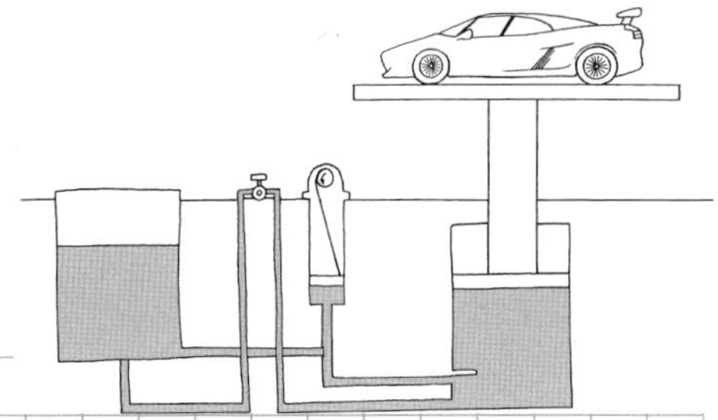

a) Wie groß ist der Druck in der Flüssigkeit?

b) Mit der Hebebühne soll ein Auto mit einer Masse von 800 kg angehoben werden.
Wie groß muss die Fläche des Arbeitskolbens sein?

c) Wahr oder falsch? Kreuze wahre Aussagen an.

- ☐ Bei der Hebebühne ist der Hubweg kleiner als der Pumpweg.
- ☐ Bei der Hebebühne ist der Hubweg größer als der Pumpweg.
- ☐ Ist die Fläche des Arbeitskolbens größer, so ist der Hubweg kleiner.
- ☐ Ist die Fläche des Arbeitskolbens größer, so ist der Hubweg größer.

⑤ **Die Wasserspritzpistole von Lukas nutzt das Prinzip hydraulischer Anlagen. Mit welcher Kraft schießt das Wasser heraus, wenn man mit einer Kraft von 1 N auf eine Fläche von 0,00005 m² drückt und der Arbeitskolben 0,0003 m² groß ist?**

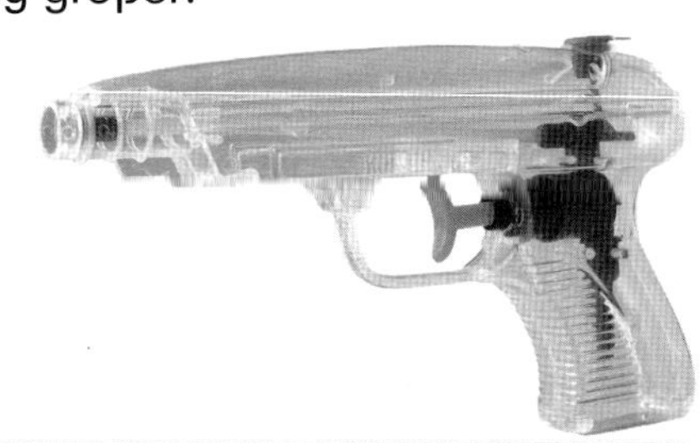

Auftrieb in Flüssigkeiten und Gasen (1)

INFO

Auf die Körper in Flüssigkeiten und Gasen wirken zwei Kräfte:

Die **Gewichtskraft F_G** wirkt nach unten und ihr **entgegen** wirkt die **Auftriebskraft F_A** nach oben.

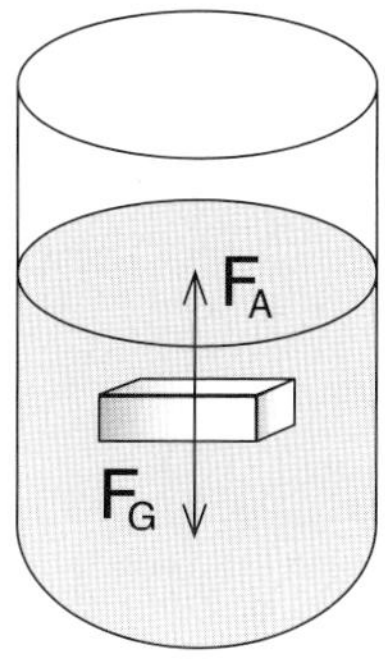

1 Kreuze an. Archimedes fand heraus, dass …

- ☐ … die Auftriebskraft so groß ist, wie die Gewichtskraft des Körpers.
- ☐ … die Auftriebskraft so groß ist, wie das Volumen des verdrängten Stoffes.
- ☐ … die Auftriebskraft so groß ist, wie die Gewichtskraft des verdrängten Stoffes.

2 Bestimme die Auftriebskraft eines Massestückes im Wasser mit einem kleinen Experiment.

a) Gewichtskraft des Massestücks in der Luft: F_{GLuft} = ______________________ N

b) Gewichtskraft des Massestücks im Wasser: $F_{GWasser}$ = ______________________ N

c) Auftriebskraft ist die Differenz: $F_A = F_{GLuft} - F_{GWasser}$ = ______________________ N

3 Die Auftriebskraft ist von der Dichte der Flüssigkeit und von dem Volumen der verdrängten Flüssigkeit abhängig.

Schau dir die Abbildungen an und vervollständige die Aussagen.

a)

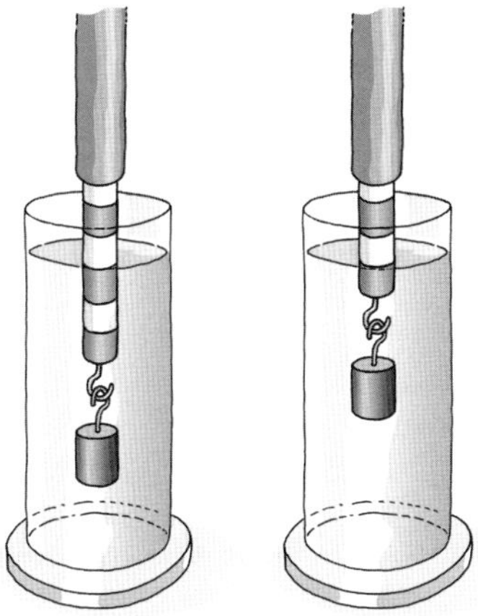

Leitungswasser Salzwasser

Je größer die Dichte der Flüssigkeit, umso ________________ ist die Auftriebskraft F_A.

b)

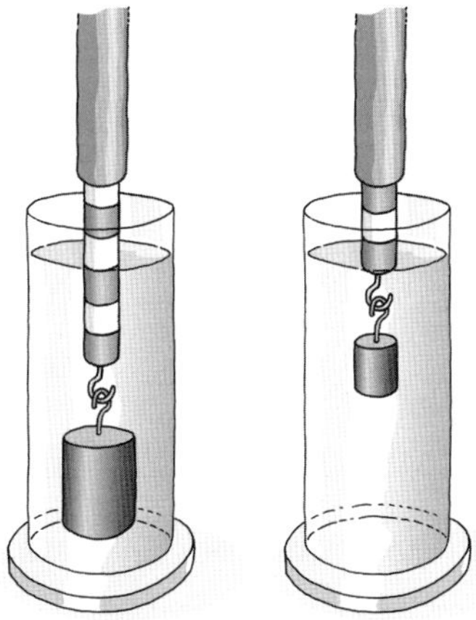

Je größer das Volumen der verdrängten Flüssigkeit, umso ______________ ist die Auftriebskraft F_A.

4 In einem Experiment möchte Max ein rohes Ei zuerst in einen Eimer mit Wasser und anschließend in einen Eimer mit Meerwasser aus der Nordsee legen.

Zeichne das rohe Ei in die Eimer ein und die wirkenden Kräfte.

a)

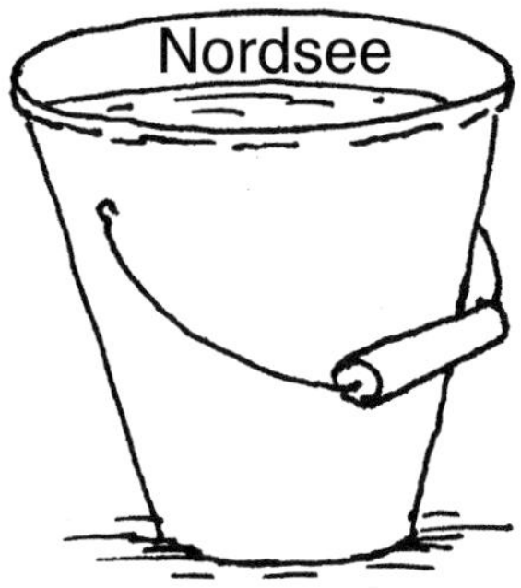

b) Ein Schiff fährt von der Elbe in die Nordsee. Vergleiche die Eintauchtiefe.

____

____

5 Nathalie beobachtet beim Einsetzen neuer Pflanzen in ihr Aquarium, dass die Pflanzen an der Luft ganz zusammengefallen und schlapp aussehen. Erst als die Pflanzen sich im Wasser befinden, stehen sie schön aufrecht. Erkläre diese Erscheinung.

Im Wasser wirkt der Gewichtskraft F_G der Pflanzen die Auftriebskraft F_A ...

____

____

6 Laura hat eine große Knetkugel, die im Wasser auf den Boden sinkt. Wie muss Laura die Knete formen, damit sie schwimmt? Fertige eine Skizze an.

Warum schwimmt die Knete, wenn Laura sie in einer anderen Form auf das Wasser legt?

- ☐ Die Knete ist nun leichter.
- ☐ Die Knete verdrängt mehr Wasser.
- ☐ Die Gewichtskraft der Knete ist jetzt kleiner als die Gewichtskraft des verdrängten Wassers.
- ☐ Die Knete hat nun eine größere Oberfläche.

Das Schwimmdock

Zur Reparatur fahren Schiffe in das schwebende Schwimmdock. Bei der Reparatur des Schiffes schwimmt das Dock.

Schneide die Abbildungen der Schwimmdocks und die Aussagen aus und sortiere sie in eine sinnvolle Reihenfolge.

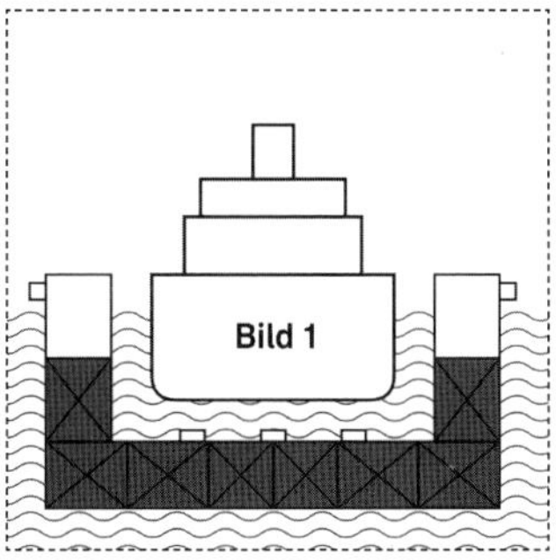

Die Tanks werden geflutet.

Das Schwimmdock schwebt.

Die Tanks werden mit Druckluft geleert.

Auftriebskraft F_A > Gewichtskraft F_G.

Das Schiff wird repariert.

Dichte des Docks ρ_{Dock} ist **größer** als die Dichte des Wassers ρ_{Wasser}.

Das Schwimmdock sinkt.

Das Schwimmdock steigt.

Dichte des Docks ρ_{Dock} ist **kleiner** als die Dichte des Wassers ρ_{Wasser}.

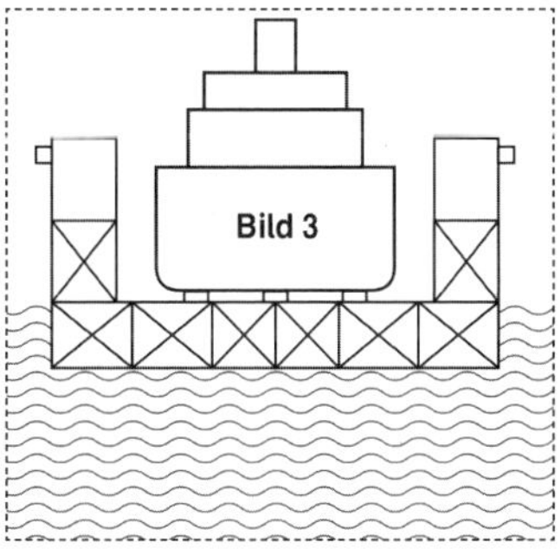

Die Tanks sind vollständig mit Luft gefüllt.

Dichte des Docks ρ_{Dock} ist **gleich** der Dichte des Wassers ρ_{Wasser}.

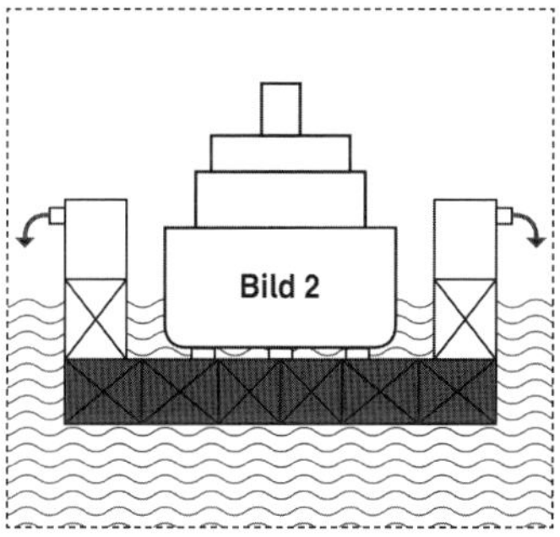

Auftriebskraft F_A < Gewichtskraft F_G.

Das Schwimmdock schwimmt.

Auftriebskraft F_A = Gewichtskraft F_G.

Auftrieb in Flüssigkeiten und Gasen (1)

① **Vervollständige.**

Die Auftriebskraft wirkt der ________________________ entgegen. Sie ist umso größer,

je größer das _______________ und die ____________ des verdrängten Stoffes sind.

Deshalb ist die Auftriebskraft in Flüssigkeiten __________ als in Gasen.

② **Kreuze an. Das Archimedische Prinzip besagt, dass …**

☐ … die Auftriebskraft so groß ist, wie die Gewichtskraft des Körpers.
☐ … die Auftriebskraft so groß ist, wie das Volumen des verdrängten Stoffes.
☐ … die Auftriebskraft so groß ist, wie die Gewichtskraft des verdrängten Stoffes.

③ **In einem Experiment möchte Max ein rohes Ei zuerst in einen Eimer mit Wasser und anschließend in einen Eimer mit Meerwasser aus der Nordsee legen.**

a) Zeichne das rohe Ei in die Eimer ein und die wirkenden Kräfte.

b) Welchen Unterschied bemerkt er?

____

____

c) Welche Schlussfolgerungen kann er aus dem Experiment auf den Tiefgang eines Schiffes ziehen, wenn es von der Elbe in die Nordsee fährt?

____

____

____

④ **Nathalie beobachtet beim Einsetzen neuer Pflanzen in ihr Aquarium, dass die Pflanzen an der Luft ganz zusammengefallen und schlapp aussehen. Erst als die Pflanzen sich im Wasser befinden, stehen sie schön aufrecht. Erkläre diese Erscheinung.**

____

____

____

Auftrieb in Flüssigkeiten und Gasen (2)

(5) **Zur Reparatur fahren Schiffe in das schwebende Schwimmdock. Bei der Reparatur des Schiffes schwimmt das Dock.**

Ordne die jeweiligen Aussagen den Veränderungen des Schwimmdocks zu.

a) Tanks werden geflutet.

b) $F_A = F_G$

c) $\rho_{Dock} > \rho_{Wasser}$

d) Tanks werden mit Druckluft geleert.

e) $\rho_{Dock} = \rho_{Wasser}$

f) $F_A < F_G$

g) Tanks sind vollständig mit Luft gefüllt.

h) $\rho_{Dock} < \rho_{Wasser}$

i) $F_A > F_G$

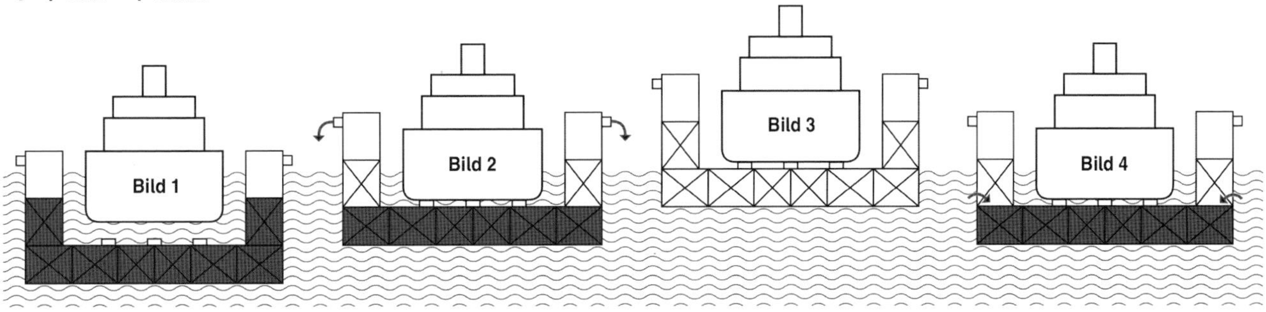

(6) **In dem Film „Das fliegende Klassenzimmer" stellt sich Uli einer Mutprobe und will mit zwei heliumgefüllten Ballons vom Vordach der Schule springen. Er stürzt jedoch ab und bricht sich ein Bein.**

Unter welchen Voraussetzungen wäre seine Mutprobe geglückt?

- ☐ Wenn Uli eine kleinere Masse als die Ballons hätte.
- ☐ Wenn das Volumen der Ballons sehr viel größer wäre.
- ☐ Wenn die Gewichtskraft von Uli viel kleiner wäre.
- ☐ Wenn die Temperatur der Luft größer gewesen wäre.

(7) **Laura hat eine große Knetkugel, die im Wasser auf den Boden sinkt. Wie muss Laura die Knete formen, damit sie schwimmt? Fertige eine Skizze an.**

Warum schwimmt die Knete, wenn Laura sie in einer anderen Form auf das Wasser legt?

- ☐ Die Knete ist nun leichter.
- ☐ Die Knete verdrängt mehr Wasser.
- ☐ Die Gewichtskraft der Knete ist jetzt kleiner als die Gewichtskraft des verdrängten Wassers.
- ☐ Die Knete hat nun eine größere Oberfläche.

Auf die „Puste“ kommt es an

Hast du schon einmal zwei DIN-A4 Seiten ca. 5 Zentimeter auseinander gehalten und kräftig dazwischen gepustet? Das Ergebnis des kleinen Experimentes ist verblüffend. Anstatt sich voneinander weg zu bewegen, kleben die Seiten aneinander.
Vielleicht hat dieser Versuch den Schweizer Mathematiker und Physiker Daniel Bernoulli (1700–1782) veranlasst, mit strömenden Flüssigkeiten und Gasen zu experimentieren. Er fand die Erklärung dieses Experimentes:

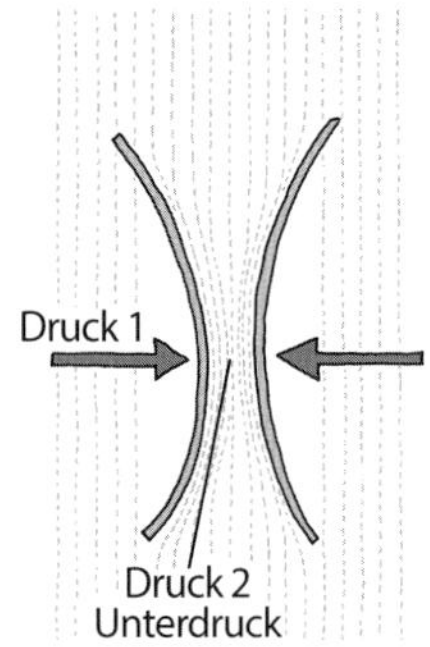

Druck 1 ist größer als Druck 2, denn in Gebieten mit hoher Strömungsgeschwindigkeit entsteht ein Unterdruck

Diese Entdeckung beeinflusste den Bau von Flugapparaten. Die Tragflächen teilen die Strömung der Luft. Ist die Strömungsgeschwindigkeit unterhalb der Tragflächen kleiner als oberhalb, so ist unten ein größerer Druck als oben. Die Auftriebskraft wirkt dann nach oben. Das Flugzeug bewegt sich nach oben.

❶ Analysiere Stromlinienbilder. Zeichne jeweils die resultierende Kraft ein.

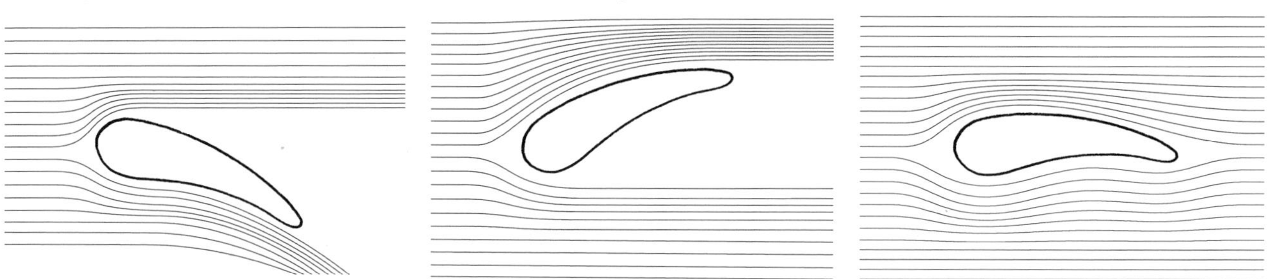

Strömungs-geschwindigkeit groß:	unten		
Unterdruck:			nicht vorhanden
Kraft wirkt nach:			

❷ Vervollständige in folgendem Bild die Stromlinien. Schlussfolgere auf den Druck und die resultierende Kraft und entscheide, was passieren könnte.

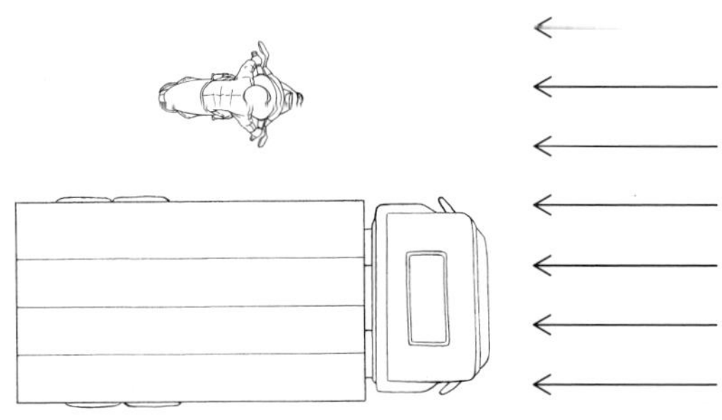

Auf die „Puste" kommt es an

Hast du schon einmal zwei DIN-A4-Seiten ca. 5 Zentimeter auseinandergehalten und kräftig dazwischen gepustet? Das Ergebnis des kleinen Experimentes ist verblüffend. Anstatt sich voneinander wegzubewegen, kleben die Seiten aneinander. Vielleicht hat dieser Versuch den Schweizer Mathematiker und Physiker Daniel Bernoulli (1700–1782) veranlasst, mit strömenden Flüssigkeiten und Gasen zu experimentieren. Dabei entdeckte er folgende Zusammenhänge:

1. Desto kleiner der Rohrquerschnitt, desto größer ist die Strömungsgeschwindigkeit.
2. Desto größer die Strömungsgeschwindigkeit, umso kleiner ist der senkrecht dazu gemessene Druck.

Diese Entdeckung beeinflusste den Bau von Flugapparaten. Die Tragflächen wurden so konstruiert, dass sie die Strömung der Luft teilen. Die Strömungsgeschwindigkeit unterhalb der Tragflächen ist kleiner als oberhalb. Folglich herrscht oberhalb der Tragfläche ein kleinerer Druck als unten. Mit der daraus resultierenden Auftriebskraft kann dann ein Flugzeug fliegen.

Experimente und die Vorbilder in der Natur führten zu der Entwicklung vieler weiterer Flugapparate wie zum Beispiel von Hubschraubern, Segelflugzeugen, Nurflüglern oder Gleitschirmen.

① **Vergleiche in folgenden Stromlinienbildern die Strömungsgeschwindigkeiten und den Druck oberhalb und unterhalb des Körpers. Zeichne jeweils die resultierende Kraft ein.**

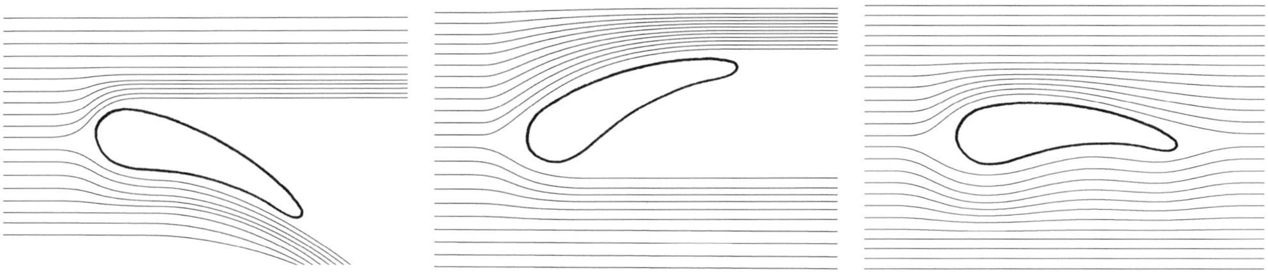

② **Vervollständige in folgendem Bild die Stromlinien. Schlussfolgere auf den Druck und die resultierende Kraft und entscheide, was passieren könnte.**

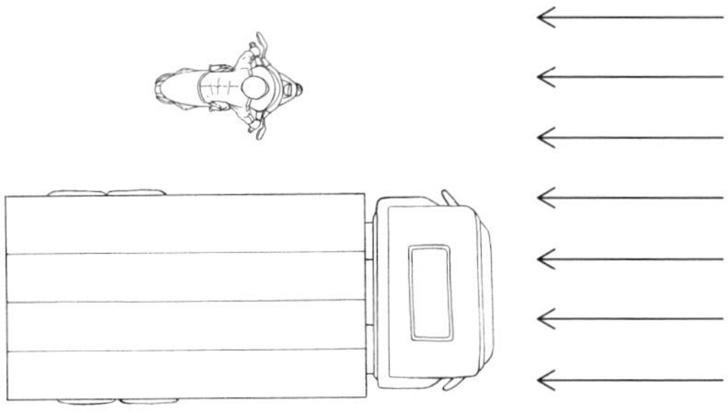

③ **Erstelle eine Übersicht mit Bildern zu verschiedenen Flugapparaten und ihren Vorbildern in der Natur. Recherchiere dazu im Internet oder in einer Bibliothek.**

Tipp:
Gib die Quellen der Bilder an.

Verbundene Gefäße

❶ **In einer Porzellanfabrik werden Teekannen hergestellt.**

Zeichne an die Kanne die Tülle, sodass sie

a) maximal

b) minimal gefüllt werden kann?

Zeichne den jeweiligen Füllstand ein.

❷ **Die Gefäße A und B haben die gleiche Form und Größe. Das Gefäß A ist randvoll mit Wasser gefüllt. Das Gefäß B ist leer.**

Die Gefäße werden mit einem Schlauch verbunden. Wie verteilt sich die Flüssigkeit. Zeichne ein.

a)

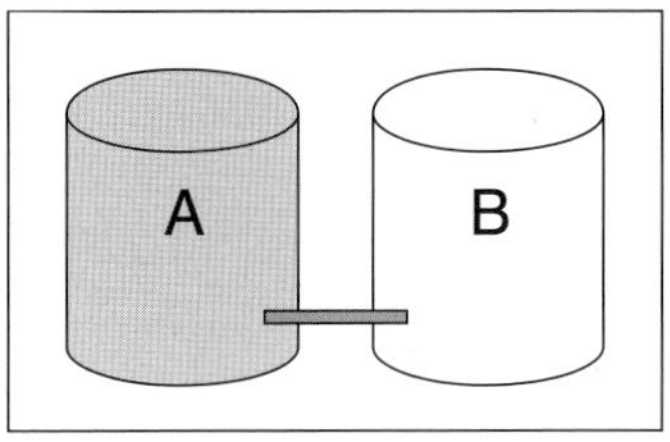

b)

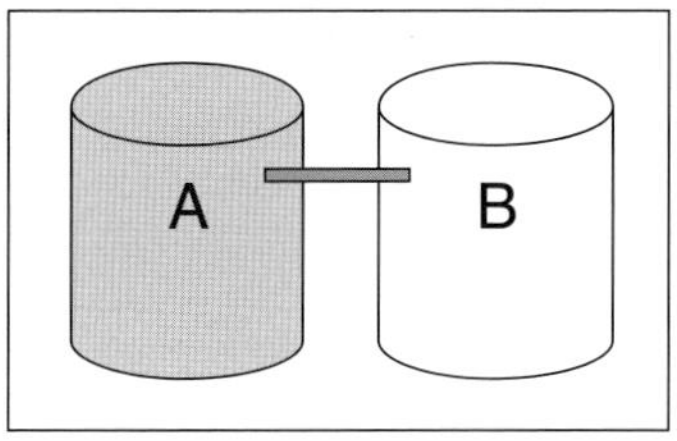

c) Mit welcher Gefäßanordnung könnte man die gesamte Flüssigkeit mit einem Schlauch umfüllen, ohne umzugießen?

____

____

____

❸ **In Verbindungen zwischen Fallrohren und Regenwassertonnen werden häufig Regensammler eingebaut.**

Zeichne den maximalen Füllstand der Wassertonne ein.

Vorteil: ________________________________

____

____

____

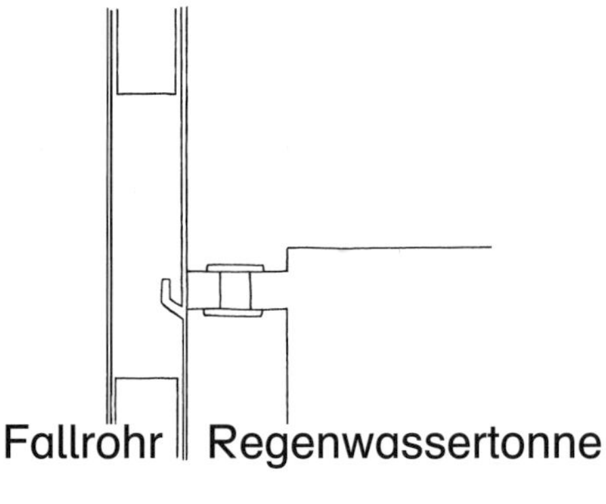

Verbundene Gefäße

① **In einer Porzellanfabrik werden Teekannen hergestellt.**

Zeichne die Tülle an die Kanne so an, dass sie

a) maximal **b)** minimal gefüllt werden kann.

Zeichne den jeweiligen Füllstand ein.

② **Die Gefäße A und B haben die gleiche Form und Größe. Das Gefäß A ist randvoll mit Wasser gefüllt.**

Ist es möglich, die Gefäße mit einem Schlauch so zu verbinden, dass

a) Gefäß A und B gleich gefüllt sind?

b) Gefäß A mehr als B gefüllt ist?

c) Gefäß A weniger als B gefüllt ist?

Wenn möglich, zeichne eine solche Verbindung ein.

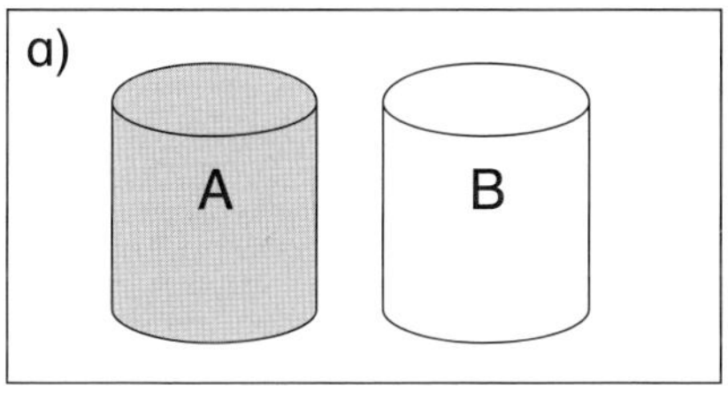

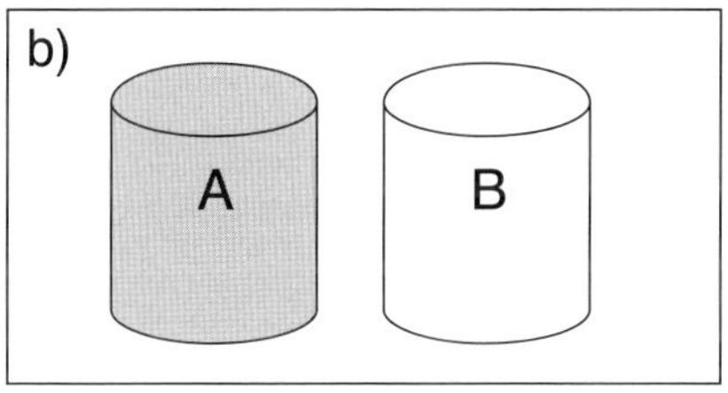

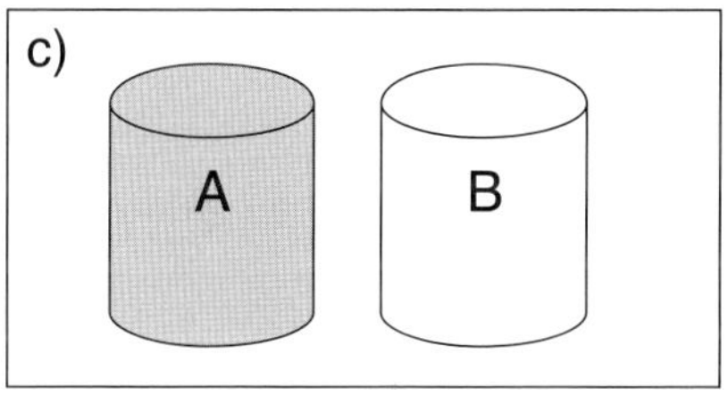

d) Mit welcher Gefäßanordnung könnte man die gesamte Flüssigkeit mit einem Schlauch umfüllen, ohne umzugießen?

____

____

____

③ **In Verbindungen zwischen Fallrohren und Regenwassertonnen werden häufig Regensammler eingebaut.**

Zeichne den maximalen Füllstand der Wassertonne ein.

Welchen Vorteil bietet der Regensammler gegenüber einfachen Regenwasserklappen?

____

____

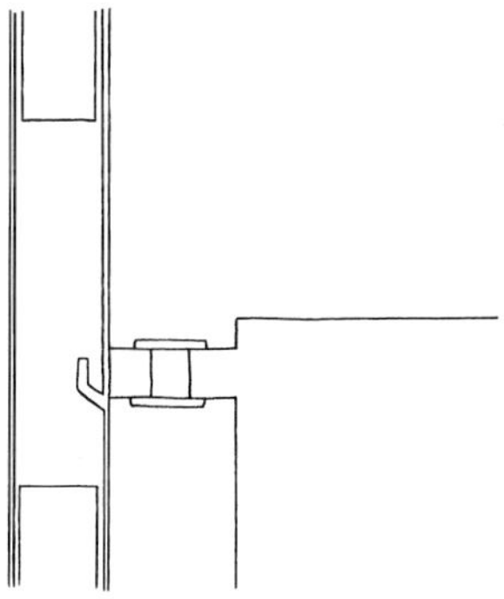

Lernzielkontrolle

❶ Vervollständige.

Ein Auflagedruck entsteht, wenn senkrecht auf eine ____________________ eine

________________ wirkt. Formelzeichen Druck: ________, die Einheit: ________.

❷ Ordne die Druckarten: Schweredruck, Luftdruck und Auflagedruck den Abbildungen zu.

a)

b)

c)

____________________ ____________________ ____________________

❸ Die Abbildung zeigt eine Mineralwasserflasche mit Sprudel.

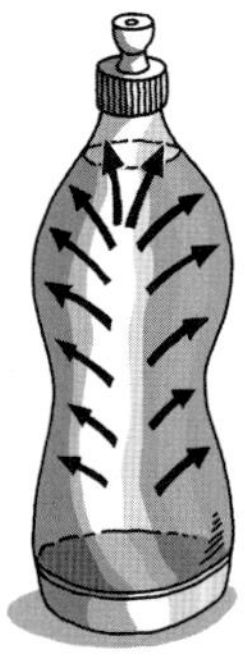

a) Was bedeuten die Pfeile?

____

b) Was passiert beim Öffnen?

____

❹ Wahr oder falsch? Kreuze die richtige Antwort an:

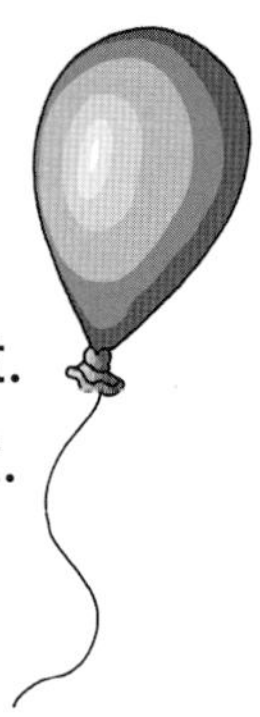

Ein Heliumballon steigt nach oben, ...

- ☐ weil die Gewichtskraft F_G des Ballons **kleiner** als die Auftriebskraft F_A ist.
- ☐ weil die Gewichtskraft F_G des Ballons **größer** als die Auftriebskraft F_A ist.
- ☐ weil die mittlere Dichte des Ballons **kleiner** als die Dichte der Luft ist.
- ☐ weil die mittlere Dichte des Ballons **größer** als die Dichte der Luft ist.

❺ Für ein Herbarium presst Luisa Pflanzen in einem DIN-A4-Hefter (0,21 m breit und 0,3 m lang) und legt Bücher mit einer Masse von 5 kg darauf.

Benötigte Gleichungen:
$A = a \cdot b$ $F_G = m \cdot g$
$p = \frac{F_G}{A}$

Berechne den Druck p, der auf die Pflanzen wirkt.

A = ________	**F_G =** ________	p = ________
A = ________	**F_G =** ________	p = ________

Lernzielkontrolle

① **Entscheide, ob die Aussagen richtig oder falsch sind. Wenn du denkst, es handelt sich um eine falsche Aussage, dann schreibe dahinter, wie sie richtig heißen müsste.**

Aussage	richtig	falsch	Die Aussage müsste richtig heißen:
Je größer die Fläche ist auf die eine Kraft wirkt, umso größer ist der Druck.			
In zwei gleich hoch gefüllten, jedoch unterschiedlich breiten Trinkgläsern ist der Schweredruck gleich groß.			
Mit hydraulischen Anlagen kann man Kraft und Arbeit einsparen.			
Eine leere, luftgefüllte Kunststoffflasche wird bei der Fahrt auf einen hohen Berg dicker.			

② **Weshalb spritzt eine Mineralwasserflasche mit Kohlensäure, wenn man sie vor dem Öffnen kräftig schüttelt?**

____

____

③ **Wahr oder falsch? Kreuze die richtige Antwort an:**

Ein Heliumballon steigt nach oben, ...

- ☐ weil die Gewichtskraft des Ballons kleiner als die Auftriebskraft ist.
- ☐ weil das Volumen des Ballons größer als die Dichte der Luft ist.
- ☐ weil die Gewichtskraft des Ballons kleiner als die Gewichtskraft der verdrängten Luft ist.
- ☐ weil die mittlere Dichte des Ballons kleiner, als die Dichte der Luft ist.

④ **Für ein Herbarium presst Luisa Pflanzen in einem DIN-A4-Hefter und legt Bücher mit einer Masse von 5 kg darauf. Berechne den Druck, der auf die Pflanzen wirkt.**

Bewegungen – was wir schon wissen

INFO

Ruhe und **Bewegung** eine Körpers treten immer relativ gegenüber einem Bezugskörper auf.

❶ Alexander und Nina fahren mit ihren Eltern und ihrem Boot in den Urlaub.

Nina schaut hinten aus dem Fenster und sagt: „Unser Boot befindet sich gegenüber ________________ in Ruhe.“

Alexander sagt: „Unser Boot befindet sich gegenüber ________________ in Bewegung.“

INFO

Bewegungsformen: geradlinige Bewegung, Kreisbewegung, Schwingung

❷ Ordne die Bewegungsformen zu.

	Beispiel	Bewegungsform	Beispiel	Bewegungsform
a)	Riesenrad		Schaukel	
b)	Rolltreppe		Lok auf gerader Strecke	
c)	Uhrpendel		Satellit auf einer Erdumlaufbahn	

INFO

Bewegungsarten: gleichförmige Bewegung, beschleunigte Bewegung, verzögerte Bewegung

❸ Ordne die Bewegungsart zu.

	Beispiel	Bewegungsart	Beispiel	Bewegungsart
a)	Paket auf dem Förderband		Raketenstart	
b)	Bremsen eines Fahrrades		Gleich schnelle Fahrt mit dem Zug	
c)	Anfahren eines Autos		Anhalten eines Autos	

Bewegungen – was wir schon wissen

1 **Alexander und Nina fahren mit ihren Eltern und ihrem Boot in den Urlaub. Nina schaut hinten aus dem Fenster und sagt: „Alles sicher, unser Boot bewegt sich nicht ein bisschen." Alexander widerspricht sofort: „Na klar bewegt es sich."**

Was sagst du dazu? Begründe deine Aussage.

____

____

2 **Welches Beispiel passt nicht in die Reihe? Kreuze an und begründe.**

	Beispiele			**Begründung**
a)	Schaukel	Riesenrad	Federung beim Fahrrad	
b)	Rolltreppe	Lok auf gerader Strecke	Kettenkarussell	
c)	Satellit auf einer Erdumlaufbahn	Hamsterrad	Uhrpendel	
d)	Schaukel	Förderband	Membran eines Lautsprechers	

3 **Welches Beispiel passt nicht in die Reihe? Kreuze an und begründe.**

	Beispiele			**Begründung**
a)	Raketenstart	Anfahren eines Autos	Anhalten eines Autos	
b)	Bremsen eines Fahrrades	Fahren auf der Rolltreppe	Gleich schnelle Fahrt mit dem Zug	
c)	Paket auf dem Förderband	Satellit auf einer Erdumlaufbahn	Flugstart	
d)	Zugeinfahrt in den Bahnhof	Überholen eines Autos	Anhalten eines Autos	

4 **Fasse zusammen und vervollständige.**

Ein Körper bewegt sich, wenn er ______________________________

______________. Wir unterscheiden drei Bewegungsarten: die ______________________,

die ______________________ und die ______________________ Bewegung.

Wir unterscheiden drei Bewegungsformen: die ______________________,

die ______________________ und die ______________________.

Die gleichförmige Bewegung – im Diagramm

INFO

Geschwindigkeits-Zeit-Diagramm

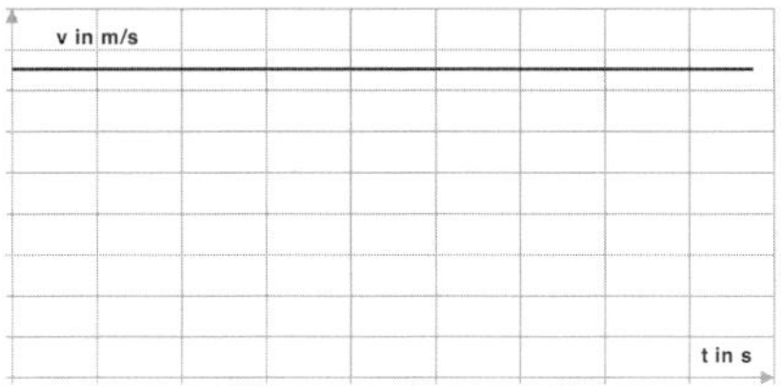

Die Geschwindigkeit ist konstant.

v = konstant

Weg-Zeit-Diagramm.

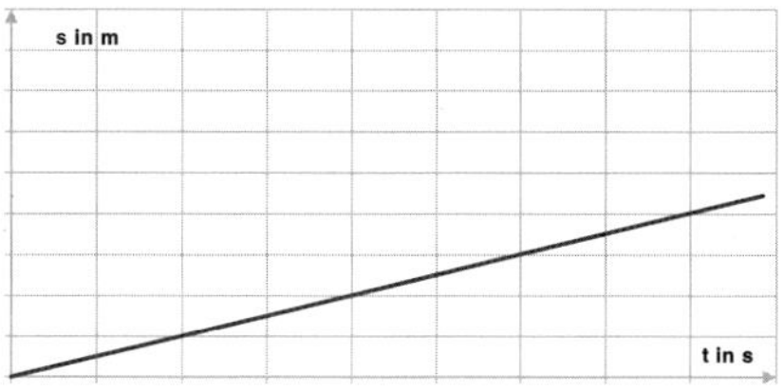

Der Weg ist der Zeit proportional: **s ~ t**

In der **doppelten Zeit** legt ein Fahrzeug den **doppelten Weg** zurück.

❶ **Im Miniatur Wunderland in Hamburg wurde für die Fahrt einer Modelleisenbahn folgende Messwerte aufgenommen.**

t in s	0	2	4	6	8	10
s in m	0	1	2	3	4	5

a) Beschrifte die Achsen des Weg-Zeit-Diagramms.

b) Trage die Messwerte ein.

c) Verbinde die Messwerte zu einer Geraden.

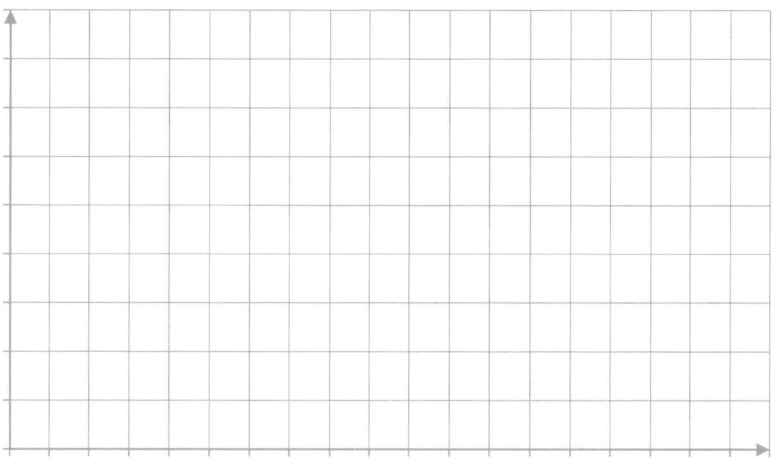

❷ **In diesem Diagramm sind die Messungen von weiteren Modelleisenbahnen.**

Ordne die Modelleisenbahnen nach der Geschwindigkeit.

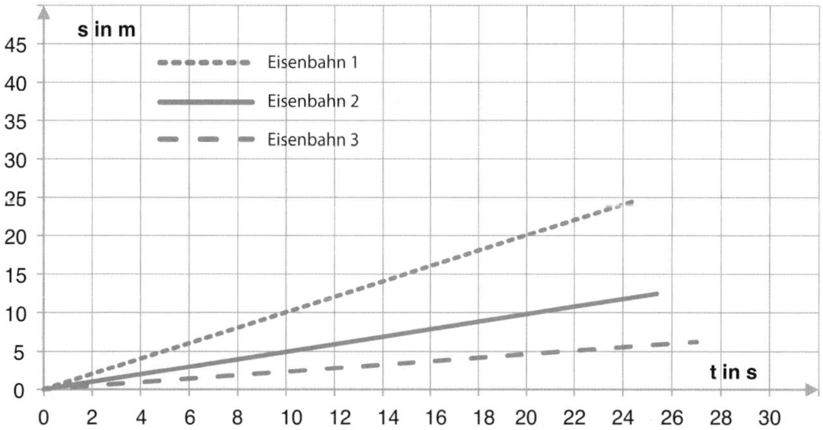

Die gleichförmige Bewegung – Berechnungen

INFO

Geschwindigkeit $v = \frac{\text{zurückgelegter Weg } s}{\text{benötigte Zeit } t}$

kurz: $v = \frac{s}{t}$ $s = v \cdot t$ und $t = \frac{s}{v}$ $1\ \frac{m}{s} = 3{,}6\ \frac{km}{h}$ $1\ \frac{km}{h} = \frac{1}{3{,}6}\ \frac{m}{s}$

❶ **Bei einer Europameisterschaft gewann Verena Seiler den 100-m-Lauf mit einer Zeit t von 11,10 s.**

Mit welcher Geschwindigkeit v lief sie? Gib in $\frac{m}{s}$ an. Rechne in $\frac{km}{h}$ um.

❷ **Thorsten und Jenny fahren mit einem Ferrari eine Geschwindigkeit v von 324 $\frac{km}{h}$.**

a) Gib die Höchstgeschwindigkeit v des Ferraris in $\frac{m}{s}$ an. ____________________

b) Jenny überlegt:

Bei der Geschwindigkeit v fahre ich in 1 Stunde ________ km,

das heißt in 2 Stunden fahre ich _____ km und in einer halben Stunde _____ km.

c) Mit ihrem Fahrrad fährt Jenny eine Geschwindigkeit v von 14 $\frac{km}{h}$.

Welchen Weg s legt sie damit bei einer Radtour in einer Zeit t von 1,5 h zurück?

d) Welche Zeit t benötigt sie für die Strecke s von 10,5 km zu ihrer Oma?

Lösungen: 90; 32,4; 648; 21; 9; 0,75; 324; 162

Die gleichförmige Bewegung (1)

① **Kreuze wahre Aussagen an.**

Bei einer gleichförmigen Bewegung …

- ☐ legt der Körper in gleichen Zeiten gleiche Wege zurück.
- ☐ fährt der Körper in der doppelten Zeit doppelt so schnell.
- ☐ benötigt ein Körper für die Hälfte des Weges die Hälfte der Zeit.

② **Im Miniatur Wunderland in Hamburg wurden für die Fahrt einer Modelleisenbahn folgende Messwerte aufgenommen.**

t in s	0	4	8	12	16	20
s in m	0	3,2	6,1	10,0	12,8	16

a) Zeichne das Weg-Zeit-Diagramm.

b) Gib den mathematischen Zusammenhang zwischen s und t an. Begründe deine Aussage.

____

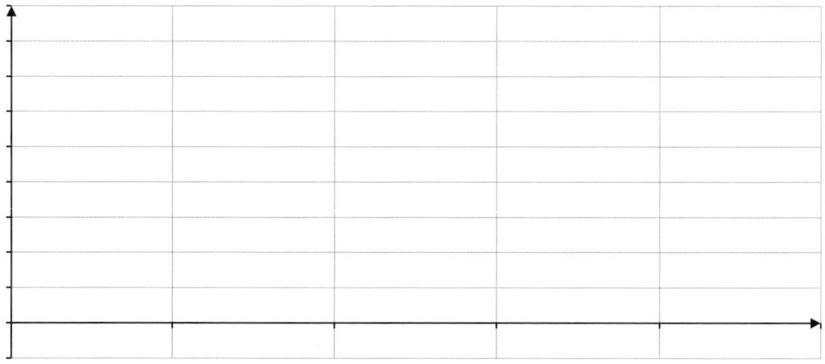

c) Einige Messwerte weisen eine besonders große Messabweichung auf. Gib einen dieser Werte an.

____

d) Zeichne in das Diagramm von a) die Kurve eines langsamer fahrenden Zuges ein.

e) Berechne die Geschwindigkeit des Körpers nach 4 s, 12 s und 20 s.

f) Zeichne das Geschwindigkeit-Zeit-Diagramm.

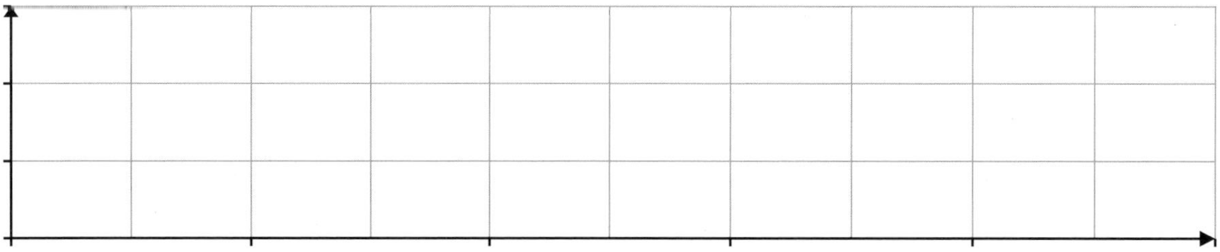

Die gleichförmige Bewegung (2)

③ **Bei den Europameisterschaften 2010 gewann den 100-Meter-Lauf Verena Sailer mit einer Zeit von 11,10 s.**

Mit welcher Durchschnittsgeschwindigkeit lief sie? Gib in $\frac{m}{s}$ und in $\frac{km}{h}$ an.

④ **Thorsten und Jenny fahren mit einem Ferrari. Ein Teil der Fahrt ist in nebenstehendem Diagramm dargestellt.**

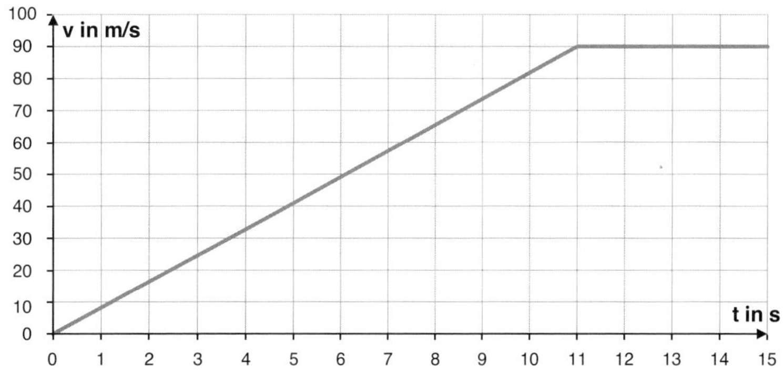

a) Gib die Höchstgeschwindigkeit des Ferraris in $\frac{m}{s}$ und in $\frac{km}{h}$ an.

b) Nun möchte Jenny wissen, wie viele Kilometer sie mit der Höchstgeschwindigkeit in einer Viertelstunde zurücklegen würden.

c) Schätze, wie lange Jenny für diese Strecke mit ihrem Fahrrad benötigen würde, wenn sie durchschnittlich mit einer Geschwindigkeit von 15 $\frac{km}{h}$ fährt.

(I) 540 min (II) 5 h 24 min (III) 5 h 40 min (IV) 5 h 15 min

d) Überprüfe durch eine Rechnung und vergleiche mit deiner Schätzung.

⑤ **Ein Auto fährt in 10 Minuten eine Strecke von 9 km.**

a) Gib die Durchschnittsgeschwindigkeit des Autos in km/h und m/s an.

b) Während dieser Fahrt hielt das Auto einmal für 2 Minuten an. War seine tatsächliche Geschwindigkeit

(I) kleiner als die Durchschnittsgeschwindigkeit?

(II) größer als die Durchschnittsgeschwindigkeit?

(III) gleich der Durchschnittsgeschwindigkeit?

Die Kreisbewegung mit Hilfekärtchen

INFO

Kreisbewegung

Geschwindigkeit $v = \frac{2 \cdot \pi \cdot r}{T}$ r – Radius der Kreisbahn, T – Zeit für einen Umlauf

❶ Ein Spielzeugrennwagen durchfährt auf einer Autorennbahn einen Schienenkreis mit einem Radius r von 0,7 m mit einer Umlaufzeit T von 15 Sekunden.

Berechne für den Rennwagen die Geschwindigkeit in $\frac{m}{s}$ und $\frac{km}{h}$.

❷ Veröffentlichte Nachricht in einer regionalen Zeitung.

01.05.2010 / Kettenkarussell

Welthöchstes Karussell im Wiener Prater eröffnet

Tausende begeisterte Zuschauer waren bei der Jungfernfahrt des 117 Meter hohen Praterturms dabei. Das Karussell bietet 24 Personen Platz, hat einen Durchmesser von 36 Metern und dreht sich mit einer Maximalgeschwindigkeit von 75 km/h. Die Besucher haben aus ca. 90 Metern einen beeindruckenden Blick auf Wien. Sie sollten jedoch schwindelfrei sein.

Hilfekärtchen!

a) Wie lange benötigt eine Gondel mit Maximalgeschwindigkeit für einen Umlauf?

b) Wie lang dauert eine Fahrt, wenn ein Gast 30 Umläufe zählt?

Lösungen: 0,29; 162,9; 20,83; 1,06; 5,43

Die Kreisbewegung

1. **Für Kreisbewegungen verwendet man folgende Gleichung $v = \frac{2 \cdot \pi \cdot r}{T}$. Benenne die einzelnen Größen der Gleichung und stelle nach r und T um.**

2. **Ein Spielzeugrennwagen durchfährt auf einer Autorennbahn einen Schienenkreis mit einem Radius von 0,7 m in 15 Sekunden.**

   Berechne für den Rennwagen die Geschwindigkeit in $\frac{m}{s}$ und $\frac{km}{h}$.

3. **Veröffentlichte Nachricht in einer regionalen Zeitung.**

01.05.2010 / Kettenkarussell

Welthöchstes Karussell im Wiener Prater eröffnet

Tausende begeisterte Zuschauer waren bei der Jungfernfahrt des 117 Meter hohen Praterturms dabei. Das Karussell bietet 24 Personen Platz, hat einen Durchmesser von 36 Metern und dreht sich mit einer Maximalgeschwindigkeit von 75 km/h. Die Besucher haben aus ca. 90 Metern einen beeindruckenden Blick auf Wien. Sie sollten jedoch schwindelfrei sein.

a) Wie lange benötigt eine Gondel mit Maximalgeschwindigkeit für einen Umlauf?

b) Wie viele Umläufe hat ein Gast, wenn er 3 Minuten mit der Geschwindigkeit fährt?

Lernzielkontrolle (1)

❶ **Vervollständige.**

Sarah und Hannes fahren Autoscooter. Hannes befindet sich in Ruhe gegenüber

________________________. Sarah bewegt sich gegenüber

________________________. Das Anfahren des

Autoscooters ist eine ________________________

Bewegung. Die Fahrt mit konstanter Geschwindigkeit

ist eine ________________________ Bewegung.

❷ **Jonas und Alina fahren mit dem ICE. Seit 10 Minuten wird angezeigt, dass der ICE 225 $\frac{km}{h}$ fährt.**

a) Alina überlegt:

In einer Stunde fahren wir __________ km, in drei Stunden ____________ km und

in 30 Minuten __________ km.

b) Welchen Weg s haben sie in der Zeit t von 1,5 Stunden schon zurückgelegt?

c) Wie viel Zeit t benötigen sie für den 600 km langen Weg s von Berlin nach München? (Zwischenstopps bleiben unberücksichtigt)

❸ **Der Satellit fliegt in einer kreisförmigen Umlaufbahn in einer Höhe von 820 Kilometer in rund 2 Stunden einmal um die Erde. Der Erdradius beträgt rund 6 370 km.**

a) Berechne den Radius r der Kreisbahn.

b) Wie groß ist seine Geschwindigkeit?

4 Daniela und Isabell gehen zur Schule. Danielas Bewegung ist im Diagramm dargestellt.

a) Isabell legt 5 m in 7 s zurück. Vervollständige das Diagramm mit Isabells Bewegung.

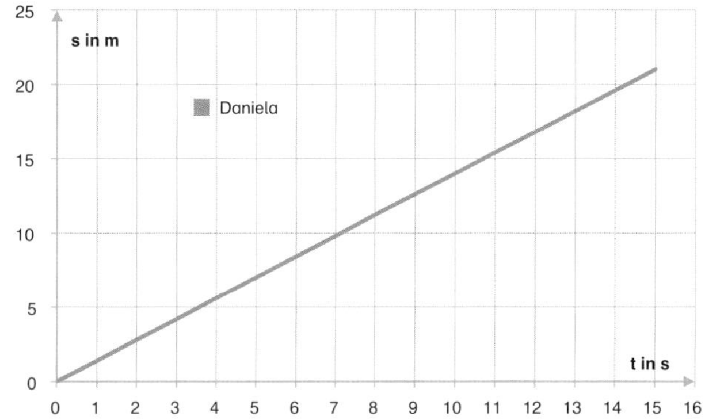

b) Vergleiche die Geschwindigkeiten der beiden Mädchen. Begründe deine Aussage.

c) Berechne die Geschwindigkeit v eines Mädchens. Lies dazu aus dem Diagramm zu einer Zeit t den zurückgelegten Weg s ab:

Zeit t : ________ s Weg s: _________ m

5 Ein Koffer wird auf einem Förderband in 30 Sekunden 15 m weit transportiert.
Wie lange dauert der Transport für 1 m?

Lernzielkontrolle (1)

① **Vervollständige.**

Ein Körper bewegt sich, wenn er seinen Ort ______________________.

Der Junge auf dem Bild befindet sich in Ruhe ______________

______________. Das Anfahren eines Zuges ist es eine

______________________ Bewegung.

Eine Rolltreppe bewegt sich stets ____________________.

② **Jonas und Alina fahren mit dem ICE. Seit 10 Minuten wird angezeigt, dass der ICE 225 $\frac{km}{h}$ fährt.**

a) Alina behauptet, sie haben also 22,5 Kilometer zurückgelegt. Was sagst du dazu?

____

____

b) Insgesamt fahren Jonas und Alina 1 Stunde mit dem ICE bei dieser Geschwindigkeit. Wie viel Kilometer sind sie in dieser Zeit gefahren?

____

c) Wie lange würden sie für diese Strecke mit dem Fahrrad benötigen, wenn sie durchschnittlich 12,5 $\frac{km}{h}$ fahren?

③ **Im Jahre 2006 wurde der europäische Wettersatellit MetOp-A mit einer Sojus-Rakete in eine erdnahe polare Umlaufbahn befördert. Der Satellit fliegt in einer kreisförmigen Umlaufbahn in einer Höhe von 820 Kilometer in rund 110 Minuten einmal um die Erde.**

Wie groß ist seine Geschwindigkeit? (Der Erdradius beträgt rund 6370 km.)

④ **Daniela geht zur Schule und trifft nach 5 Sekunden ihre Freundin Isabell. Gemeinsam gehen sie weiter.**

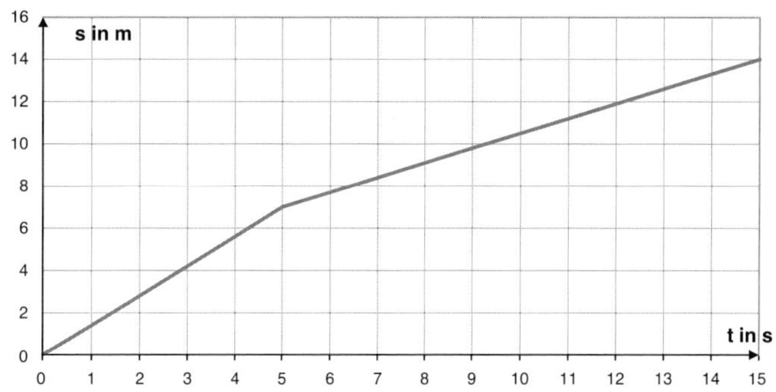

a) Vergleiche die Geschwindigkeiten, als Daniela allein und als sie später mit ihrer Freundin ging.

___

___

___

b) Begründe deine Aussage.

___

___

c) Berechne die Durchschnittsgeschwindigkeit in den im Diagramm dargestellten 15 Sekunden.

⑤ **Ein Koffer wird auf einem Förderband in 30 Sekunden 15 m weit transportiert.**

a) Wie lange dauert der Transport für 1 m?

___

b) Vervollständige für diese Bewegung die Messwerttabelle.

t in s	0	3	15		
s in m	0			10	18

c) Zeichne das Weg-Zeit-Diagramm.

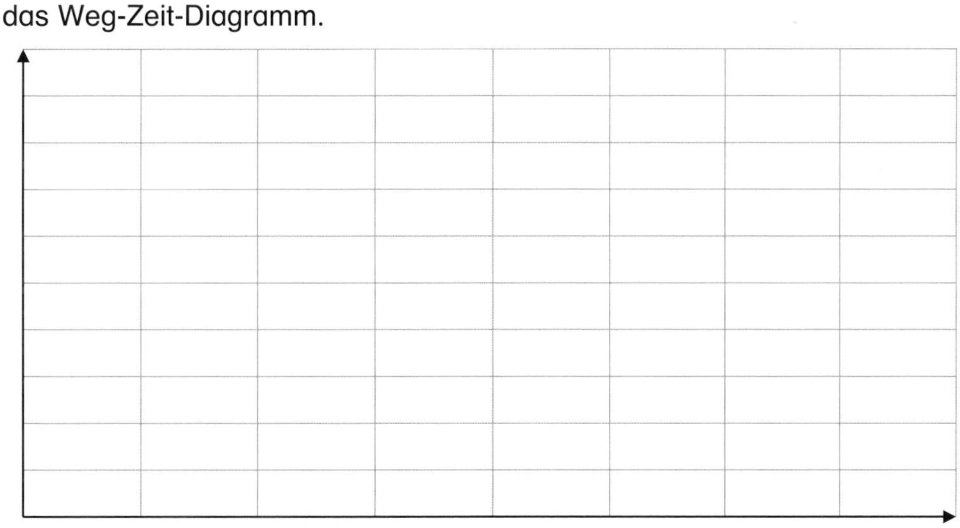

Die gleichmäßig beschleunigte Bewegung – im Diagramm (1)

INFO

Geschwindigkeits-Zeit-Diagramm

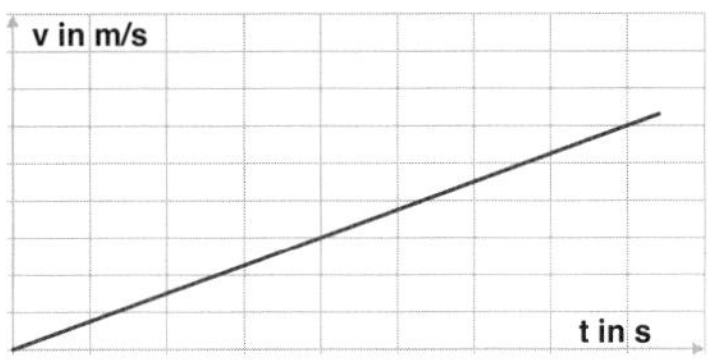

Die Geschwindigkeit wird größer.
Die Geschwindigkeit ist der Zeit proportional: **$v \sim t$**

Weg-Zeit-Diagramm

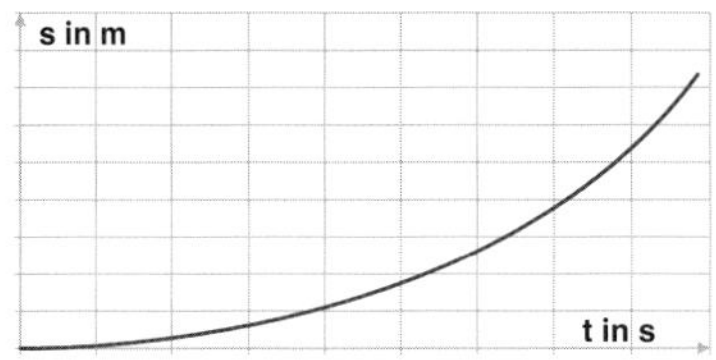

Der Weg ist dem Quadrat der Zeit proportional:
$s \sim t^2$.

Beschleunigungs-Zeit-Diagramm

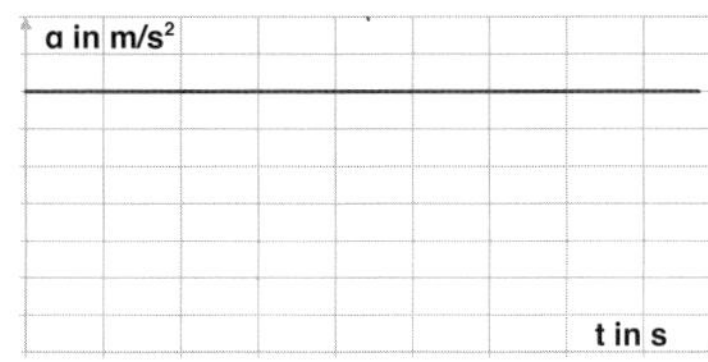

Die Beschleunigung ist konstant.
a = konstant

❶ Das Diagramm stellt die Messwerte einer Fahrradtour beim Starten dar.

Geschwindigkeits-Zeit-Diagramm

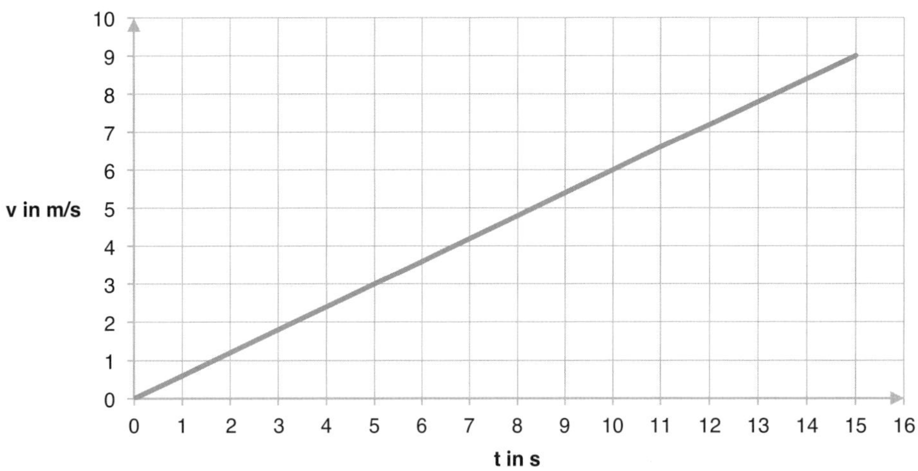

a) Nenne den mathematischen Zusammenhang zwischen der Geschwindigkeit v und der Zeit t.

b) Vervollständige die Messwerte in den ersten beiden Zeilen mithilfe des Diagramms.

t in s	1	2		4	5	6			9	10
v in $\frac{m}{s}$	0,6		1,8	2,4			4,2	4,8	5,4	
v in $\frac{m}{s}$	0,3	0,6	0,9	1,2	1,5	1,8	2,1	2,4	2,7	3,0

c) Von dem Start einer anderen Fahrradtour sind die Messwerte in der unteren Zeile abgebildet. Trage diese Messwerte in das gleiche Diagramm ein. Entscheide, welcher Start eine größere Beschleunigung a hatte.

Die gleichmäßig beschleunigte Bewegung – im Diagramm (2)

d) Überprüfe deine Aussage und berechne mit Werten aus der Tabelle jeweils den Quotienten $\frac{v}{t}$. Er gibt die Beschleunigung a an.

Start 1: Beschleunigung 1: v = 2,4 $\frac{m}{s}$; t = 4 s; a = $\frac{2{,}4\ m/s}{4\ s}$ = ______ $\frac{m}{s^2}$

Start 2: Beschleunigung 2: v = ______ $\frac{m}{s}$; t = ______ s; a = $\frac{\quad m/s}{\quad s}$ = ______ $\frac{m}{s^2}$

e) Stelle die Ergebnisse in einem Beschleunigungs-Zeit-Diagramm dar.

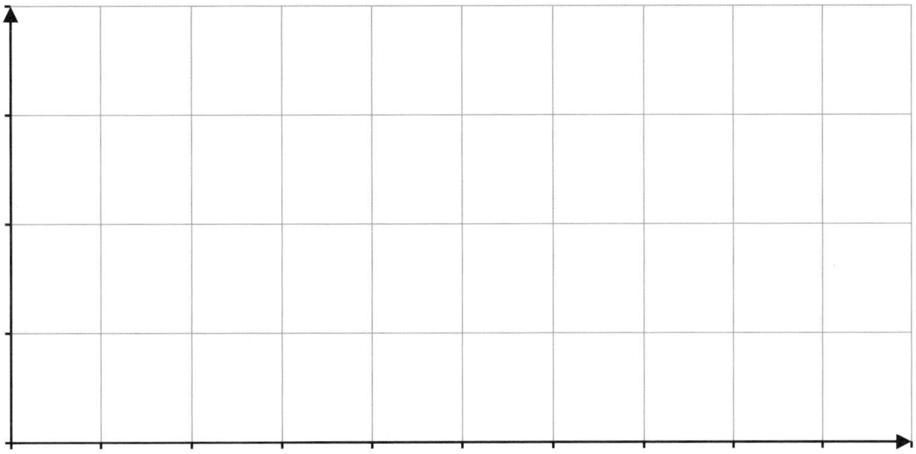

f) Berechne nun den zurückgelegten Weg s für Start 1 mit der Formel $s = \frac{1}{2} \cdot a \cdot t^2$ und stelle die Messwerte in einem Weg-Zeit-Diagramm dar.

t in s	0	1	2	3	4	5	6	7	8	9	10
s in m	0	0,3						14,7			

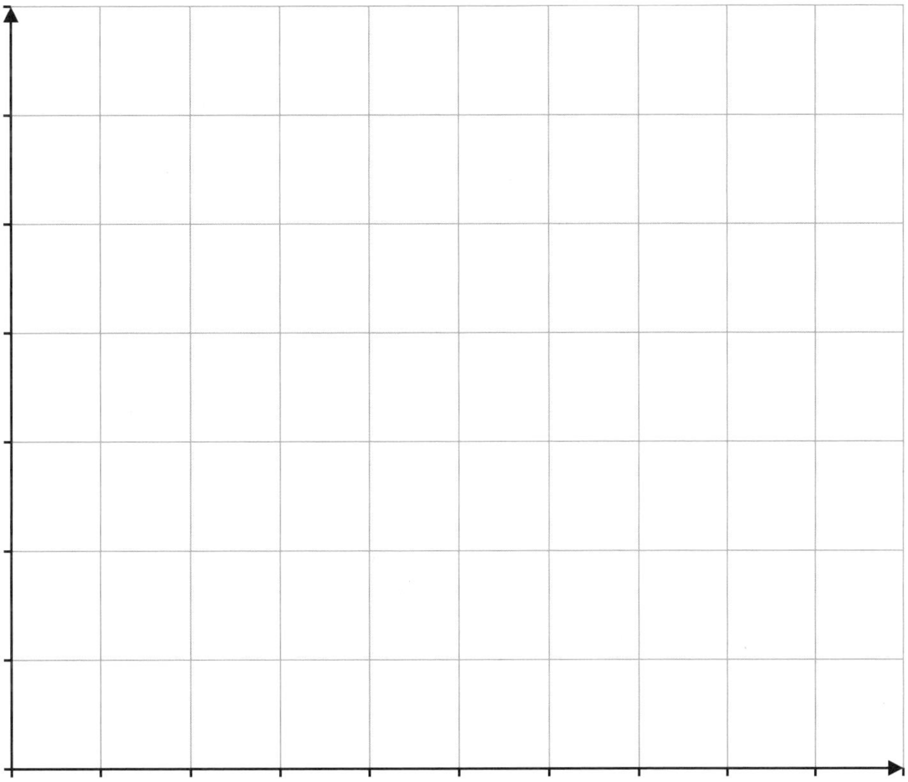

Die gleichmäßig beschleunigte Bewegung – im Diagramm (1)

① **Vervollständige den Lückentext.**

Die beschleunigte Bewegung tritt zum Beispiel ______________________________ oder ______________________________ auf. Bei der beschleunigten Bewegung ändert sich die ________________. Die Beschleunigung gibt an, wie schnell sich ______________ eines Fahrzeuges ändert. Sie hat das Formelzeichen ___ und wird in der Einheit _______ angegeben. Ist die Beschleunigung negativ, so ____________ das Fahrzeug.

② **Das Diagramm stellt die Messwerte einer Fahrradtour beim Start dar.**

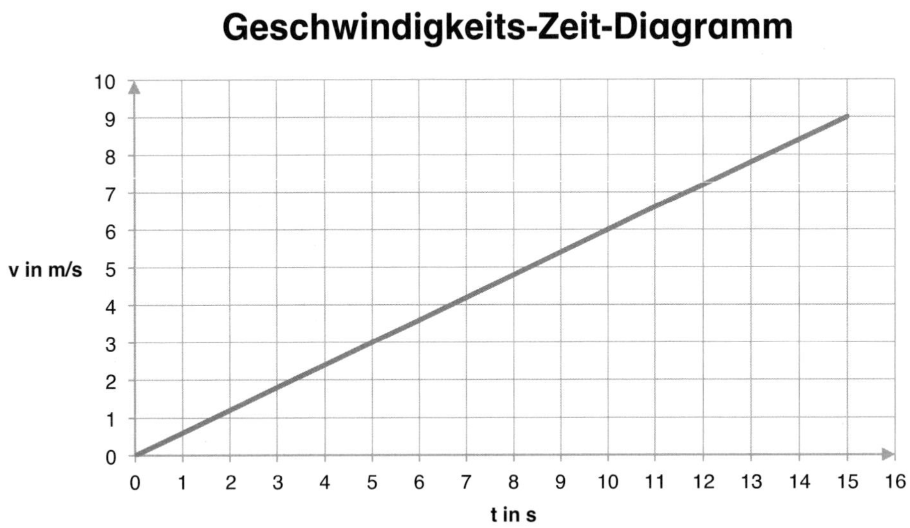

a) Nenne den mathematischen Zusammenhang zwischen der Geschwindigkeit v und der Zeit t.

____

b) Vervollständige die Messwerte mithilfe des Diagramms. Berechne anschließend den Quotienten aus der Geschwindigkeit und der Zeit.

t in s	1	2			5	6			9	10
v in $\frac{m}{s}$	0,6		1,8	2,4			4,2	4,8		
$\frac{v}{t}$ in $\frac{m}{s^2}$										

c) Was stellst du fest? Gib die physikalische Bedeutung an.

____

____

Die gleichmäßig beschleunigte Bewegung – im Diagramm (2)

d) Stelle das Ergebnis in einem a-t-Diagramm dar.

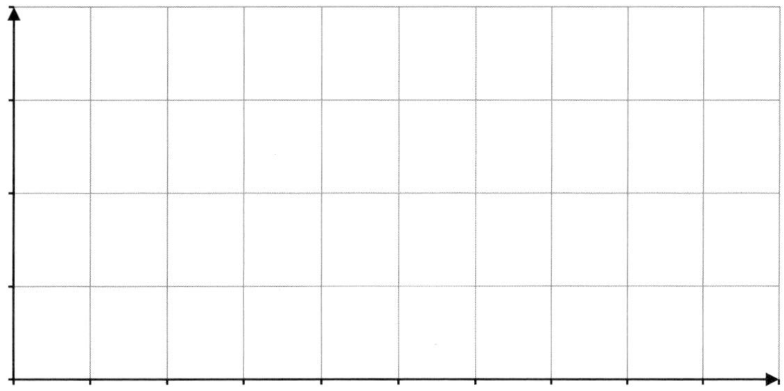

e) Berechne nun den zurückgelegten Weg s mit der Formel $s = \frac{1}{2} \cdot a \cdot t^2$ und stelle die Messwerte in einem Weg-Zeit-Diagramm dar.

t in s	0	1	2	3	4	5	6	7	8	9	10
s in m											

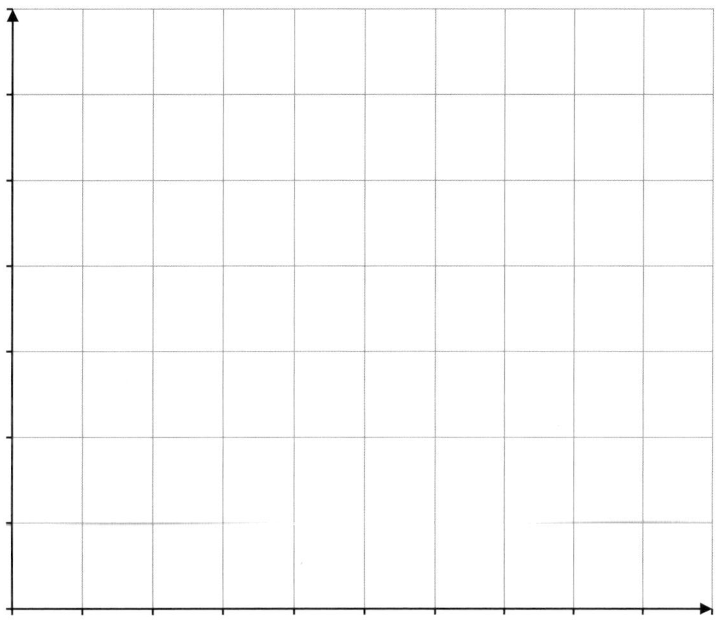

f) Welche Aussagen treffen auf den dargestellten Zusammenhang zu?

- ☐ Weg und Zeit verhalten sich direkt proportional zueinander
- ☐ In gleichen Zeitabständen nimmt der zurückgelegte Weg immer mehr zu.
- ☐ Zwischen Weg und Zeit besteht ein quadratischer Zusammenhang.
- ☐ Nach einigen Sekunden macht der Weg eine Kurve.

③ **Fasse zusammen und vervollständige.**

Bei der gleichmäßig beschleunigten Bewegung bleibt die ________________ konstant.

Es gilt das Weg-Zeit-Gesetz _______ und das Geschwindigkeit-Zeit-Gesetz _______.

Die gleichmäßig beschleunigte Bewegung – Berechnungen (1)

INFO

Beschleunigung $a = \frac{\text{erreichte Geschwindigkeit } v}{\text{benötigte Zeit } t}$ kurz: $a = \frac{v}{t}$

Weg $s = \frac{\text{Beschleunigung } a \cdot \text{Zeit zum Quadrat } t^2}{2}$ kurz: $s = \frac{a \cdot t^2}{2}$ oder $s = \frac{v \cdot t}{2}$

Geschwindigkeit $v = \frac{2 \cdot s}{t}$; $v = a \cdot t$; $v = \sqrt{2 \cdot a \cdot s}$

1 Der Lamborghini beschleunigt in einer Zeit t von 3,4 Sekunden auf eine Geschwindigkeit v von 100 $\frac{km}{h}$.

a) Rechne die Geschwindigkeit v in $\frac{m}{s}$ um.

b) Berechne die zurückgelegte Strecke s. Suche dazu die passende Gleichung aus, setze ein und berechne.

c) Berechne nun die Beschleunigung a mit einer passenden Gleichung.

2 Die Beschleunigung a eines Ferraris beträgt 7,5 $\frac{m}{s^2}$ und dauert die Zeit t von 12 s.

a) Welchen Weg s hat er zurückgelegt?

b) Wie groß ist seine Geschwindigkeit v in $\frac{m}{s}$ und $\frac{km}{h}$?

Lösungen: 8,17; 27,8; 47,2; 90; 324; 540

❸ Von der Bewegung eines Körpers wurde folgendes Diagramm erstellt.

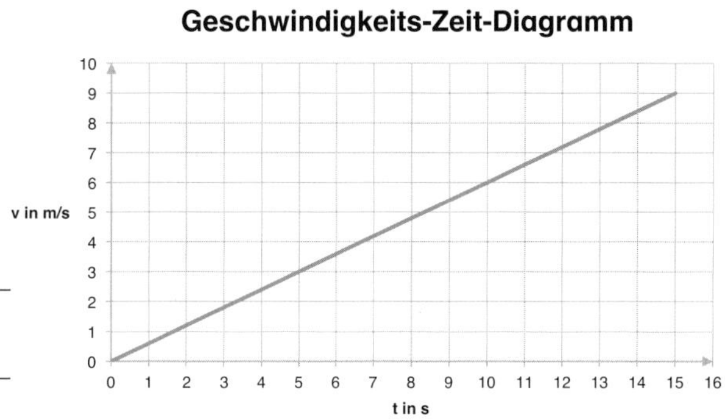

a) Lies aus dem Diagramm zu einer Zeit t die erreichte Geschwindigkeit v ab.

Zeit t = ______________________

Geschwindigkeit v = ______________________

b) Berechne mit diesen Werten die Beschleunigung a.

c) Wie lang ist der zurückgelegte Weg s?

❹ Ein Fahrrad beschleunigt mit $a = 2\frac{m}{s^2}$ und erreicht eine Geschwindigkeit $v = 8\frac{m}{s}$.

a) In welcher Zeit t beschleunigte der Fahrradfahrer?

b) Welchen Weg s legte der Fahrradfahrer zurück?

❺ Usain Bolts Beschleunigung bei einem 100-m-Lauf betrug $3\frac{m}{s^2}$. Nach ungefähr 15 Metern erreichte er seine maximale Geschwindigkeit.

Wie lange dauerte der Beschleunigungsvorgang und welche Geschwindigkeit in $\frac{m}{s}$ und $\frac{km}{h}$ erreichte er?

Lösungen: 2,5; 3,16; 4; 9,49; 16; 34; 16; 45

❶ Das Anfahren eines ICE dauerte 1 Minute bei einer Strecke von 1 Kilometer.

a) Wie groß war die Beschleunigung a? Achte auf die Einheiten.

b) Welche Geschwindigkeit v in $\frac{m}{s}$ und $\frac{km}{h}$ erreichte der Zug?

c) Berechne die erreichten Geschwindigkeiten v und zurückgelegten Wege s bis zu einer Zeit von 10 s. Trage die Ergebnisse in die Tabelle ein.

t in s	0	1	2	3	4	5	6	7	8	9	10
v in m/s	0										
s in m	0										

d) Fertige mit den Werten aus der Tabelle ein v-t-Diagramm und ein s-t-Diagramm an.

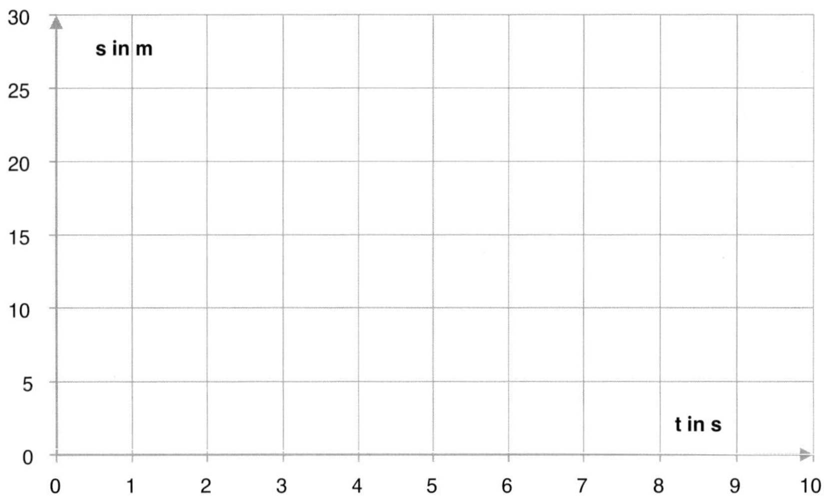

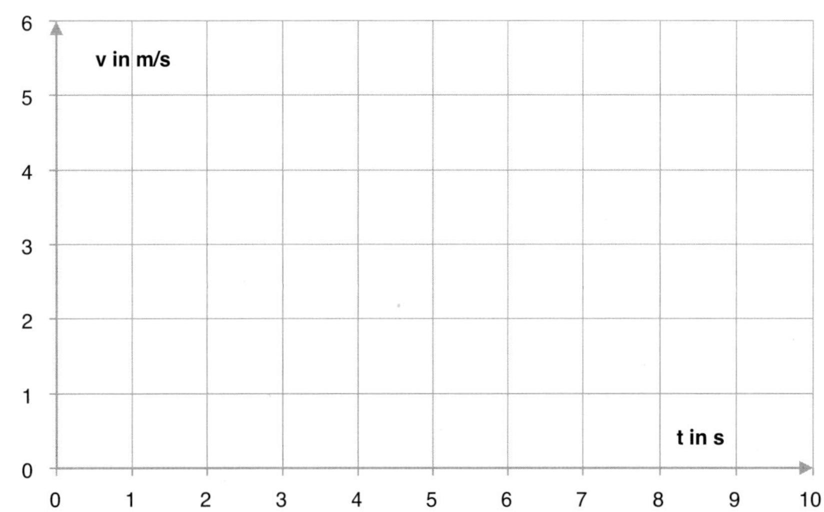

Tipp!
$a = \frac{v}{t}$; $s = \frac{v \cdot t}{2}$; $v = a \cdot t$

① **Der Lamborghini beschleunigt in 3,4 Sekunden von 0 auf 100 $\frac{km}{h}$.**

Berechne die zurückgelegte Strecke und die Beschleunigung.

② **Die Beschleunigung eines Ferraris beträgt 7,5 $\frac{m}{s^2}$ und dauert 12 Sekunden.**

Welchen Weg hat er zurückgelegt und wie groß ist seine Geschwindigkeit in $\frac{m}{s}$ und $\frac{km}{h}$?

③ **Von der Bewegung eines Körpers wurde folgendes Diagramm erstellt.**

a) Interpretiere das Diagramm.

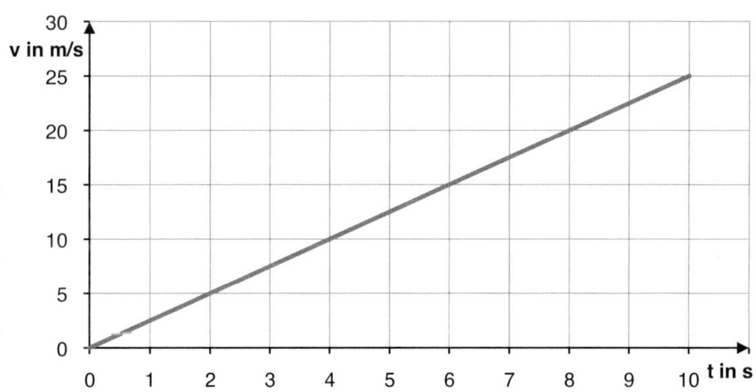

b) Berechne die Beschleunigung und den zurückgelegten Weg nach 6 Sekunden.

Berechnungen der beschleunigten Bewegung (2)

④ **Ein Fahrrad beschleunigt mit $2\frac{m}{s^2}$ und erreicht eine Geschwindigkeit von $8\frac{m}{s}$.**

Welchen Weg legte der Fahrradfahrer zurück und wie lange dauerte der Vorgang?

⑤ **Usain Bolts Beschleunigung bei einem 100-Meter-Lauf betrug $3\frac{m}{s^2}$. Nach ungefähr 15 Metern erreichte er seine maximale Geschwindigkeit.**

Wie lange dauerte der Beschleunigungsvorgang und welche Geschwindigkeit in $\frac{m}{s}$ und $\frac{km}{h}$ erreichte er?

⑥ **Das Anfahren eines ICE dauert 1 Minute bei einer Strecke von 1 Kilometer.**

a) Wie groß ist die Beschleunigung?

b) Welche Geschwindigkeit in $\frac{m}{s}$ und $\frac{km}{h}$ erreicht der Zug?

c) Vervollständige für die Fahrt folgende Messwerttabellen und zeichne das v-t-Diagramm und das s-t-Diagramm in deinem Heft.

t in s	**0**	**1**	**2**	**3**	**4**	**5**	**6**	**7**	**8**	**9**	**10**
v in $\frac{m}{s}$											
s in m											

Arbeit mit Diagrammen (1)

❶ Lisa hat folgendes Diagramm interpretiert. Wo hat sie folgende Informationen abgelesen? Ordne die Buchstaben zu.

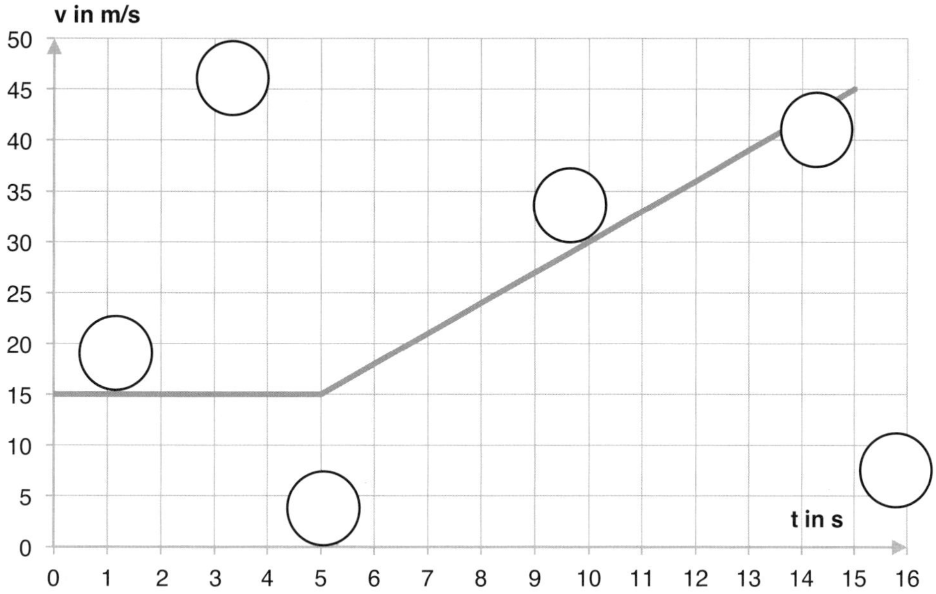

a) Im Diagramm wird der Zusammenhang zwischen der Geschwindigkeit v und der Zeit t dargestellt.

b) Der erste Abschnitt verläuft von 0 bis 5 s.

c) Das Fahrzeug bewegt sich 5 s mit konstanter Geschwindigkeit v = 15 $\frac{m}{s}$. Das ist eine gleichförmige Bewegung.

d) Im zweiten Abschnitt, von der 5. bis 15 Sekunde, erkennt man eine ansteigende Gerade.

e) Die Geschwindigkeit nimmt gleichmäßig von 15 $\frac{m}{s}$ bis zu 45 $\frac{m}{s}$ zu. Das ist eine gleichmäßig beschleunigte Bewegung.

❷ Berechne für die einzelnen Abschnitte den zurückgelegten Weg s und die Beschleunigung a.

Entnimm die dafür notwendigen Größen aus dem Diagramm.

gleichförmige Bewegung	beschleunigte Bewegung
Gegeben: v = t =	Gegeben: v = 30 $\frac{m}{s}$ t =
Gleichung: s = v · t Berechnung des Weges s:	Formel: $s = \frac{v \cdot t}{2}$ Berechnung des Weges s:
Das Fahrzeug legte in 15 s insgesamt einen Weg von ________________ zurück.	
Bei einer gleichförmigen Bewegung ist die Geschwindigkeit v = ____________. Darum ist die Beschleunigung a = ____________	Gleichung $a = \frac{v}{t}$ Berechnung der Beschleunigung a:

❸ Während der Bewegung eines Fahrzeuges wurde folgendes Diagramm aufgenommen. Vervollständige die Interpretation.

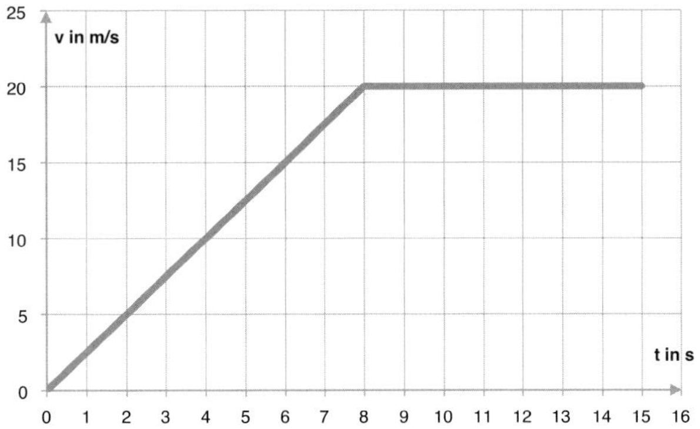

> 0; 7; 8; 8; 15; 20; t; Gerade; beschleunigte; konstant; Geschwindigkeit und Zeit; Geschwindigkeit; Zeit; Gerade; gleichförmige

In dem Diagramm ist der Zusammenhang zwischen ______________________ dargestellt. Der erste Abschnitt der Bewegung ist von der ____ s bis ______s und der zweite Abschnitt von ______ s bis _________ s.

Im ersten Abschnitt erkennt man eine ansteigende ____________________.

Die Geschwindigkeit ist zu der ______ proportional. Die _______________ nimmt mit der Zeit zu. Es handelt sich um eine _________________________ Bewegung. Nach 8 Sekunden hat das Fahrzeug die Höchstgeschwindigkeit von ______ $\frac{m}{s}$ erreicht.

Im zweiten Abschnitt erkennt man eine parallele ____________ zur ___-Achse.

Die Geschwindigkeit ist ___________. Es handelt sich um eine _________________ Bewegung. Das Fahrzeug fährt nun ________ Sekunden mit Höchstgeschwindigkeit.

❹ Berechne für beide Abschnitte den zurückgelegten Weg s.

Abschnitt 1: beschleunigte Bewegung	**Abschnitt 2: gleichförmige Bewegung**
t = von 0 s bis 8 s = *8 s*	**t = von 8 s bis 15 s =** ________
v = von 0 $\frac{m}{s}$ bis 20 $\frac{m}{s}$ = ________	**v = *20* $\frac{m}{s}$**
$s = \frac{v \cdot t}{2} = \frac{20\,\frac{m}{s}}{2}$ = ________	**s = v · t =** ________ **=** ________

5 Die Tabelle enthält die Messwerte einer gleichmäßig beschleunigten und einer gleichförmigen Bewegung.

t in s	0	1	2	4	6	8	10
s_1 in m	0	2,5	5	10	15	20	25
s_2 in m	0	1	4	16	36	64	100

a) Stelle die Messwerte in einem Weg-Zeit-Diagramm dar.

b) Ordne die Bewegungsarten zu.

Weg-Zeit-Diagramm

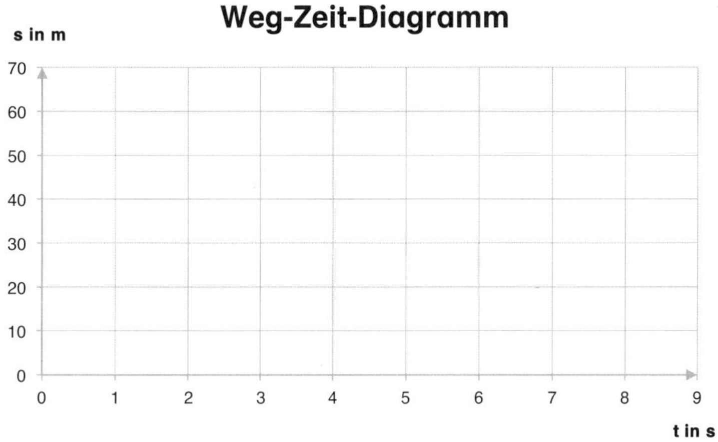

c) Mit den Angaben aus dem Diagramm können nun für beide Bewegungen die Geschwindigkeiten v berechnet werden. Ordne erst die passende Gleichung zu.

gleichförmige Bewegung	**beschleunigte Bewegung**
Gleichung:	Gleichung:

t in s	4	8	10
s in m			
v in m/s			

t in s			
s in m			
v in m/s			

d) Zeichne für beide Bewegungen das Geschwindigkeits-Zeit-Diagramm.

Weg-Zeit-Diagramm

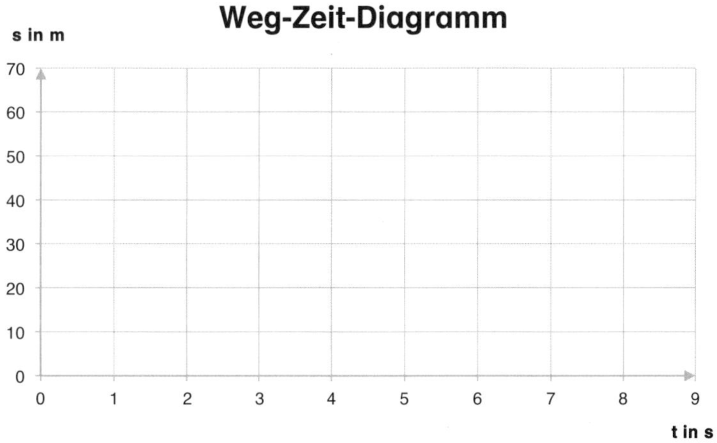

Arbeit mit Diagrammen (1)

① **Lisa hat folgendes Diagramm interpretiert. Leider ist sie ungeordnet vorgegangen. Ordne die Interpretation.**

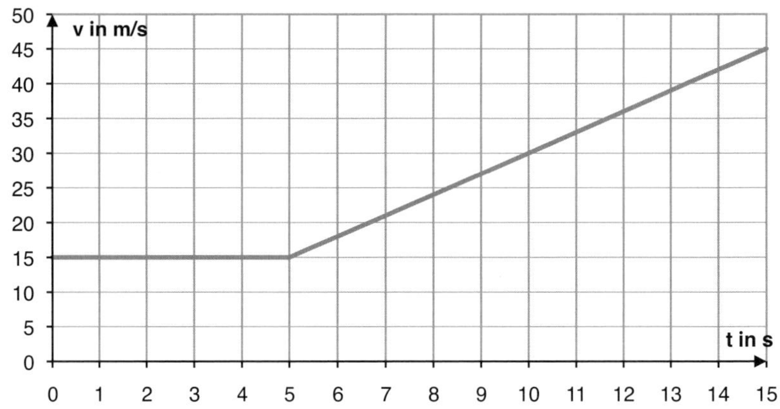

a) Das Fahrzeug bewegt sich gleichmäßig beschleunigt.

b) Die Geschwindigkeit und die Zeit sind proportional zueinander.

c) Im Diagramm wird der Zusammenhang zwischen der Geschwindigkeit v und der Zeit t dargestellt.

d) Dort nimmt die Geschwindigkeit gleichmäßig von 15 $\frac{m}{s}$ bis zu 45 $\frac{m}{s}$ zu.

e) Das Fahrzeug bewegt sich 5 s mit konstanter Geschwindigkeit.

f) Das Fahrzeug bewegt sich gleichförmig.

g) Der erste Abschnitt verläuft von 0 bis 5 s.

h) Im zweiten Abschnitt, von der 5. bis 15. Sekunde, erkennt man eine ansteigende Gerade.

Richtige Reihenfolge: ______________________________

② **Berechne für die einzelnen Abschnitte den zurückgelegten Weg.**
Entnimm die dafür notwendigen Größen aus dem Diagramm und ordne die Formeln den Bewegungsarten zu.

$s = \frac{v \cdot t}{2}$; $s = v \cdot t$

gleichförmige Bewegung	beschleunigte Bewegung
Gegeben: v = t =	Gegeben: v = 30 $\frac{m}{s}$ t =
Formel: Berechnung des Weges s:	Formel: Berechnung des Weges s:
Das Fahrzeug legte in 15 s insgesamt einen Weg von ________________ zurück.	

③ **Berechne zum Schluss die Beschleunigung a für die beschleunigte Bewegung des Fahrzeuges.**

(4) **Während der Bewegung eines Fahrzeuges wurde folgendes Diagramm aufgenommen. Vervollständige die Interpretation.**

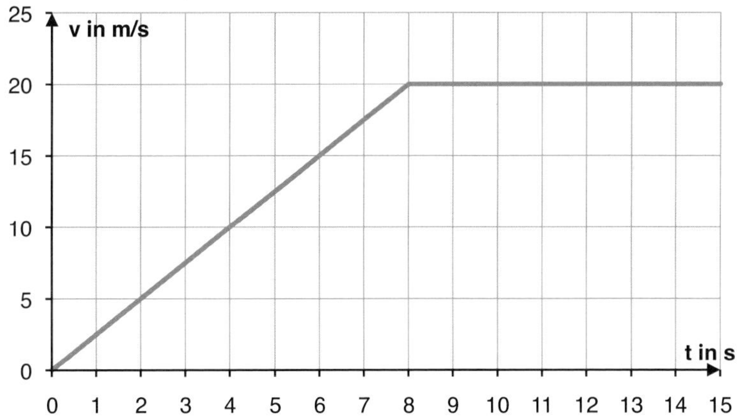

In dem Diagramm ist der Zusammenhang zwischen ______________________ dargestellt.

Der erste Abschnitt der Bewegung ist von ____ s bis ______ s und der zweite Abschnitt von

______ s bis ________ s.

Im ersten Abschnitt erkennt man eine ansteigende ________________.

Die ____________ ist der Zeit proportional. Die ______________ nimmt mit der Zeit zu.

Es handelt sich um eine ______________________ Bewegung. Nach 8 Sekunden hat das

Fahrzeug die Höchstgeschwindigkeit von ______ erreicht.

Im zweiten Abschnitt erkennt man eine parallele __________ zur ___ Achse.

Die ______________ ist konstant. Es handelt sich um eine _______________ Bewegung.

Das Fahrzeug fährt nun _______ Sekunden mit Höchstgeschwindigkeit.

(5) **Berechne für beide Abschnitte den zurückgelegten Weg.**

(6) **Achtung. Dieses Diagramm ist dem oberen zwar ähnlich. Es liegen jedoch unterschiedliche Bewegungsarten vor.**

Interpretiere es im Heft.

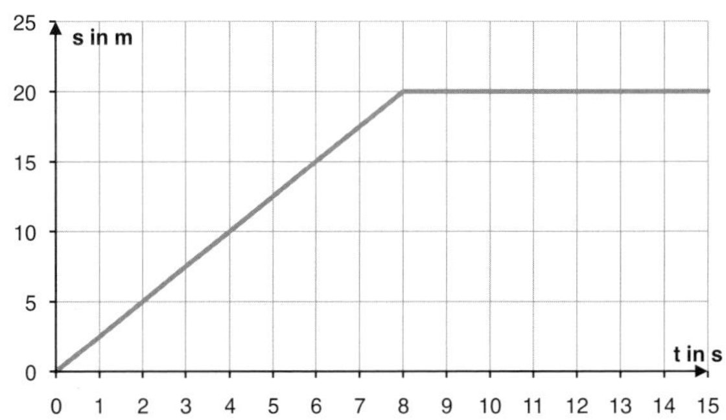

⑦ **Die Tabelle enthält die Messwerte einer gleichmäßig beschleunigten und einer gleichförmigen Bewegung.**

t in s	0	1	2	4	6	8
s_1 in m	0	2,5	5	10	15	20
s_2 in m	0	1	4	16	36	64

a) Zeichne die Messwerte in ein Weg-Zeit-Diagramm und ordne die Bewegungsarten zu.

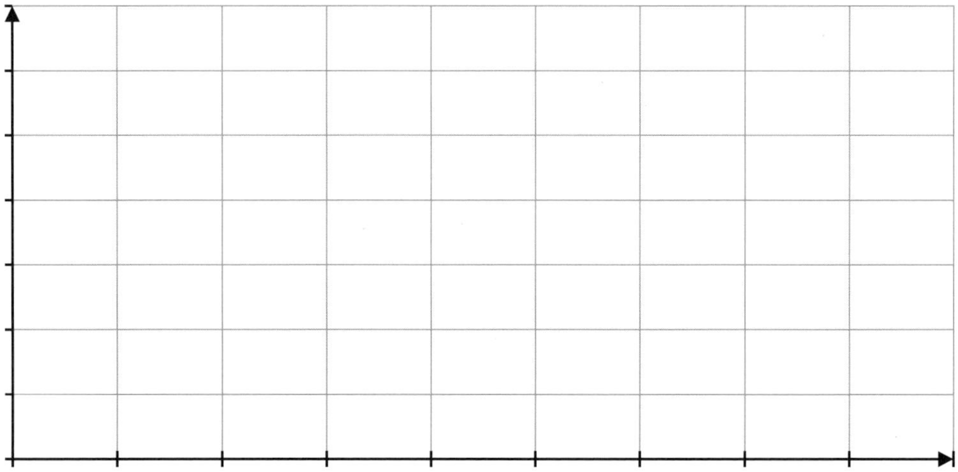

b) Berechne für beide Bewegungen die Geschwindigkeit nach 4 s, 8 s und 10 s.

c) Zeichne für beide Bewegungen das Geschwindigkeits-Zeit-Diagramm.

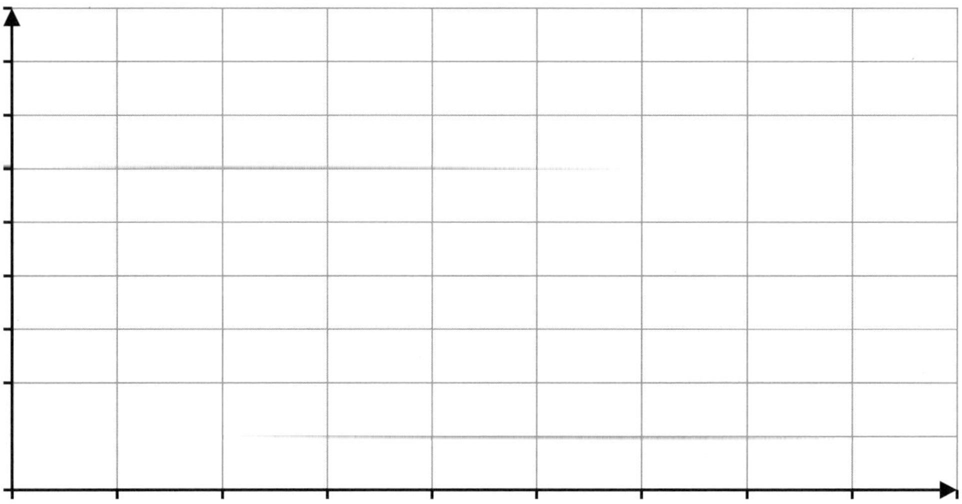

Formel 1 – Veröffentlichungen mit Hilfekärtchen

1

25.07.2010 Formel 1 in Deutschland

Zum 32. Mal seit 1970 in Hockenheim

Am Wochenende finden die spannenden Wettkämpfe auf traditionellem Asphalt statt. Die Fahrer müssen 67 Runden auf dem 4574 m langen Grand-Prix-Kurs fahren. Sie erreichen Höchstgeschwindigkeiten von 330 km/h.

a) In rund 7 s beschleunigte Sebastian Vettel auf die Höchstgeschwindigkeit. Wie groß war seine Beschleunigung und welchen Weg hat er zurückgelegt?

b) Sebastian Vettel belegte in diesem Rennen den dritten Platz. Für seine schnellste Runde benötigte er ungefähr 1 min 16 s. Berechne die Durchschnittsgeschwindigkeit in dieser Runde.

Hilfekärtchen!

c) Vergleiche Durchschnitts- und Höchstgeschwindigkeit. Erkläre die Abweichung.

2

14.11.2010 V. A. Emirate

Entscheidung in der Formel 1

Sebastian Vettel ist in Abu Dhabi nach 55 Runden Weltmeister der Formel 1 geworden. Eine Runde der Strecke ist 5554 m lang. Seine schnellste Runde fuhr er in ungefähr 1 min 41 s, seine größte Beschleunigung betrug 13,5 m/s².

a) Wie groß war die Durchschnittsgeschwindigkeit ($\frac{m}{s}$, $\frac{km}{h}$) in der schnellsten Runde?

Hilfekärtchen!

b) Welche Geschwindigkeit in km/h erreichte Sebastian Vettel nach 5 s bei maximaler Beschleunigung?

c) Angenommen du fährst mit dem Fahrrad eine Geschwindigkeit von 4,5 $\frac{m}{s}$. Wie lange hättest du für eine Runde benötigt?

(1)

25.07.2010 Formel 1 in Deutschland

Zum 32. Mal seit 1970 in Hockenheim

Am Wochenende finden die spannenden Wettkämpfe auf traditionellem Asphalt statt. Die Fahrer müssen 67 Runden auf dem 4574 m langen Grand-Prix-Kurs fahren. Sie erreichen Höchstgeschwindigkeiten von 330 km/h.

a) In rund 7 s beschleunigte Sebastian Vettel auf die Höchstgeschwindigkeit. Wie groß war seine Beschleunigung und welchen Weg hat er zurückgelegt?

b) Sebastian Vettel belegte in diesem Rennen den dritten Platz. Für seine schnellste Runde benötigte er ungefähr 1 min 16 s. Berechne die Durchschnittsgeschwindigkeit in dieser Runde.

c) Vergleiche Durchschnitts- und Höchstgeschwindigkeit. Erkläre die Abweichung.

(2)

14.11.2010 V. A. Emirate

Entscheidung in der Formel 1

Sebastian Vettel ist in Abu Dhabi nach 55 Runden Weltmeister der Formel 1 geworden. Eine Runde der Strecke ist 5554 m lang. Seine schnellste Runde fuhr er in ungefähr 1 min 41 s, seine größte Beschleunigung betrug 13,5 m/s^2.

a) Wie groß war die Durchschnittsgeschwindigkeit ($\frac{m}{s}$, $\frac{km}{h}$) in der schnellsten Runde?

b) Welche Geschwindigkeit in km/h erreichte Sebastian Vettel nach 5 s bei maximaler Beschleunigung?

c) Angenommen du fährst mit dem Fahrrad eine Geschwindigkeit von 4,5 $\frac{m}{s}$. Wie viel Zeit hättest du für eine Runde benötigt?

Bremsvorgänge

❶ **Paula hat alle Aussagen zu Bremsvorgängen zusammengestellt. Doch leider sind ihr alle Zettel durcheinander gefallen. Sortiere die Materialien dem Bild zu.**

Reaktionszeit

Reaktionsweg

gleichförmige Bewegung

$s = v \cdot t$

$s = \frac{a \cdot t^2}{2}$

verzögerte Bewegung

Bremsweg

$t = \frac{v}{a}$

Bremszeit

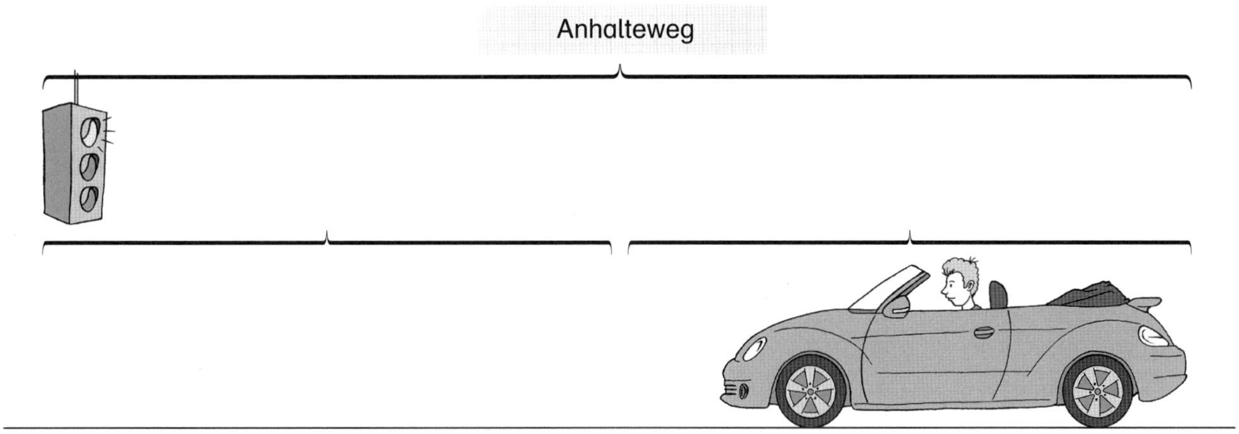

❷ **Jonas fährt mit seinem Motorrad im Ort mit $50 \frac{km}{h}$ als vor ihm ein Kind in einer Entfernung von 60 m auf die Straße springt.**

Seine Reaktionszeit t beträgt 1 Sekunde, er bremst mit einer negativen Beschleunigung a von $4 \frac{m}{s^2}$.

a) Trage alle gegebenen Messwerte in eine Skizze ein.

b) Schafft er es vor dem Kind zu stehen? Berechne den gesamten Anhalteweg s.

Schülerexperiment – Reaktionszeit

Bestimme deine Reaktionszeit mit folgendem Experiment.

Nimm ein ca. 50 cm langes Lineal und bitte einen Experimentierpartner es so hoch zu halten, dass sich deine Hand bei 0 cm befindet.

Nun lässt dein Partner unerwartet das Lineal los und du fängst das Lineal auf.

Lies die Fallweg s ab.

s_1 = __________ cm = __________ m

s_2 = __________ cm = __________ m

s_3 = __________ cm = __________ m

Wiederhole zur Erhöhung der Genauigkeit das Experiment dreimal und bilde einen Mittelwert.

$s_{\text{Mittelwert}} = \frac{s1 + s2 + s3}{3}$

$s_{\text{Mittelwert}}$ = ______________

Berechne dann die Reaktionszeit mit der Fallbeschleunigung g von $9{,}81\,\frac{m}{s^2}$.

Gleichung: $s = \frac{g \cdot t^2}{2}$ zuerst nach t umstellen.

t = ____________________

Schätze mal.

Auf dem Mond ist die Fallbeschleunigung g viel kleiner als auf der Erde. Wie weit würde bei dem gleichen Experiment das Lineal fallen, ehe du es fängst?

____

____

____

Bremsvorgänge

① **Paula hat im Unterricht gelernt, dass sich der Anhalteweg aus dem Reaktionsweg und dem Bremsweg zusammensetzt. Während der Reaktionszeit fährt das Fahrzeug noch mit konstanter Geschwindigkeit weiter. Erst anschließend verringert sich die Geschwindigkeit des Autos.**

Beschrifte in der Skizze die Wege und Zeiten. Trage die Bewegungsarten und die entsprechenden Berechnungsformeln ein.

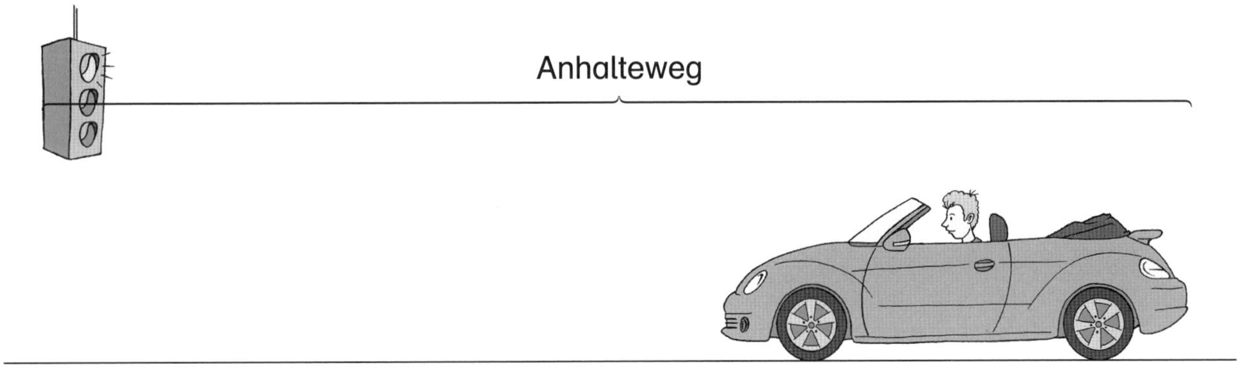

② **Jonas fährt mit seinem Motorrad im Ort mit 50 $\frac{km}{h}$, als vor ihm ein Kind in einer Entfernung von 60 m auf die Straße springt.**

Schafft er es, vor dem Kind zu stehen, wenn er mit 4 $\frac{m}{s^2}$ bremst und seine Reaktionszeit 1 Sekunde beträgt?

③ **Bestimme deine Reaktionszeit mit folgendem Experiment.**

Nimm ein ca. 50 cm langes Lineal und bitte einen Experimentierpartner, es so hoch zu halten, dass sich deine Hand bei 0 cm befindet. Nun lässt dein Partner unerwartet los und du fängst das Lineal auf. Lies die Länge ab. Wiederhole das Experiment dreimal und bilde einen Mittelwert. Berechne dann die Reaktionszeit mit der Fallbeschleunigung von 9,81 $\frac{m}{s^2}$.

Der freie Fall

INFO

Freier Fall

- Fallbewegung eines Körpers – der Luftwiderstand wird vernachlässigt
- beschleunigte Bewegung mit Fallbeschleunigung g: $s = \frac{g}{2} \cdot t^2$; $v = g \cdot t$
- Fallbeschleunigung g ist unabhängig von der Masse des fallenden Körpers
- Fallbeschleunigung hängt von dem Ort ab, auf dem sich ein Körper befindet
- $g_{Erde} = 9{,}81 \frac{m}{s^2}$; $g_{Mond} = 1{,}6 \frac{m}{s^2}$

❶ Johannes behauptet sein Kater Erwin springt von einem so hohen Baum, dass er 5 Sekunden fliegt. Wie hoch ist der Baum? Beurteile die Aussage von Johannes.

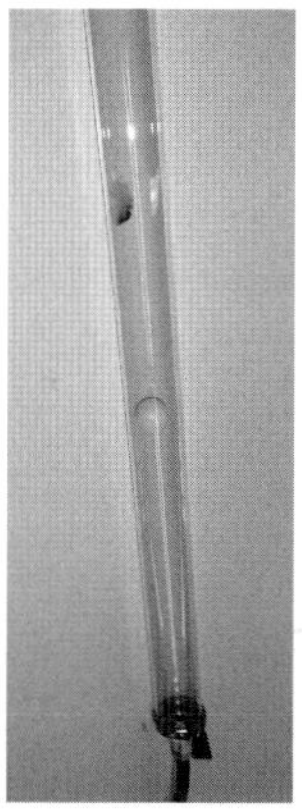

❷ Ein kleiner Ball aus Styropor und eine Feder befinden sich in einem Glaszylinder.

a) Was passiert, wenn man den Zylinder umdreht?

____

b) Nun wird der Zylinder luftleer gepumpt und erneut umgedreht.
Was passiert jetzt? Erkläre den Zusammenhang.

____

❸ Am 14. Oktober 2012 glückte dem Fallschirmspringer Felix Baumgartner ein Rekordsprung. Er sprang aus einer Höhe von s = 39 000 m aus einem Flugzeug auf die Erde.

a) Berechne wie groß seine Geschwindigkeit v theoretisch wäre.

b) Tatsächlich erreichte er nur eine Geschwindigkeit von rund 1340 $\frac{km}{h}$.
Woran lag das?

____

____

Der freie Fall

① **Richtig oder falsch? Kreuze richtige Aussagen an.**

☐ Fallende Körper im Vakuum führen einen freien Fall aus.

☐ Wie schnell ein Körper fällt, hängt von seinem Gewicht ab.

☐ Wie schnell ein Körper fällt, hängt von seiner Form ab.

☐ Ein Körper fällt überall auf der Erde gleich schnell.

② **Johannes' Kater Erwin springt von einem 7 m hohen Baum. Wie viel Zeit hat er beim Fallen, seine Beine für die Landung auszurichten? (Der Luftwiderstand bleibt unberücksichtigt.)**

③ **Ein kleiner Ball aus Styropor und eine Feder befinden sich in einem Glaszylinder.**

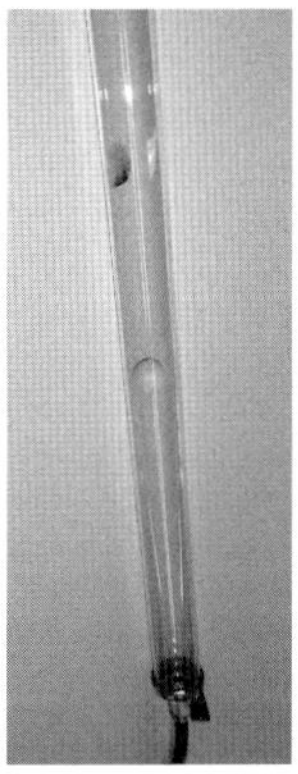

a) Was passiert, wenn man den Zylinder umdreht?

b) Nun wird der Zylinder luftleer gepumpt und erneut umgedreht. Was passiert jetzt? Erkläre den Zusammenhang.

④ **Am 14. Oktober 2012 glückte dem Fallschirmspringer Felix Baumgartner ein Rekordsprung. Er sprang aus etwa 39 km Höhe aus einem Flugzeug auf die Erde.**

a) Wie schnell hätte er theoretisch werden müssen?

b) Tatsächlich erreichte er nur eine Geschwindigkeit von rund 1340 km/h. Woran lag das?

Lernzielkontrolle (1)

❶ Verbinde.

gleichförmige Bewegung
beschleunigte Bewegung

Geschwindigkeit wird größer
Geschwindigkeit ist konstant
Geschwindigkeit wird kleiner
Rolltreppe
Anfahren eines Autos
freier Fall

❷ Ein Feldhase beginnt loszurennen. In dem Diagramm ist die Bewegung dargestellt.

a) Ordne dem Diagramm zu:

gleichförmige Bewegung (1)

beschleunigte Bewegung (2)

b) Welche Höchstgeschwindigkeit v erreichte er?

v = ______________________ $\frac{m}{s}$

c) Welche Zeit benötigte er für die Beschleunigung auf die Höchstgeschwindigkeit?

t = ______________________ s

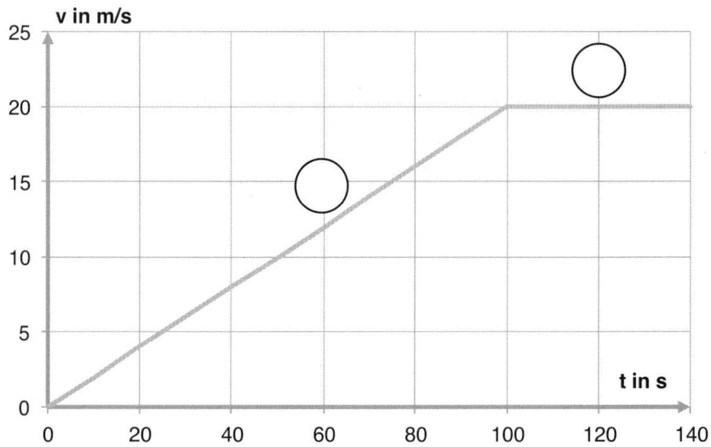

d) Berechne die Beschleunigung a des Hasen.

e) Welchen Weg s hat der Hase in dieser Zeit zurückgelegt?

Lernzielkontrolle (2)

❸ In einem Experiment wurden folgende Messwerte einer beschleunigten Bewegung aufgenommen.

Zeit t in s	2	4	6	8
Weg s in m	6,4	25,6	57,6	102,4
Geschwindigkeit v in m/s				

a) Stelle die Messwerte in einem Weg-Zeit-Diagramm dar.

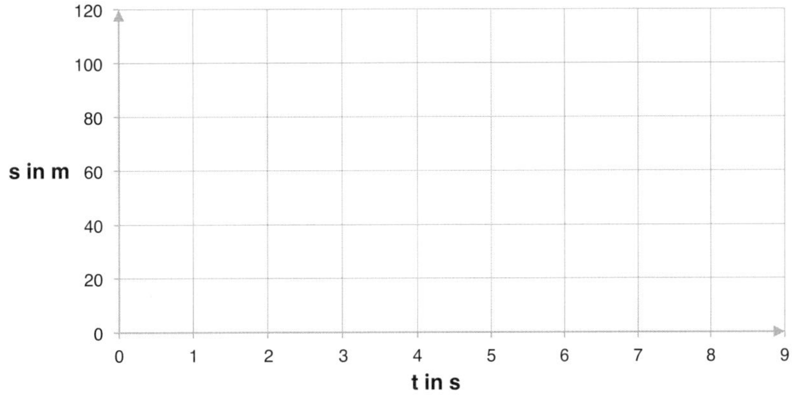

b) Berechne für alle Messwerte die Geschwindigkeit v mit der Gleichung $v = \frac{2 \cdot s}{t}$ und trage die Ergebnisse in die obere Tabelle ein.

c) Zeichne nun für diese Bewegung das Geschwindigkeit-Zeit-Diagramm.

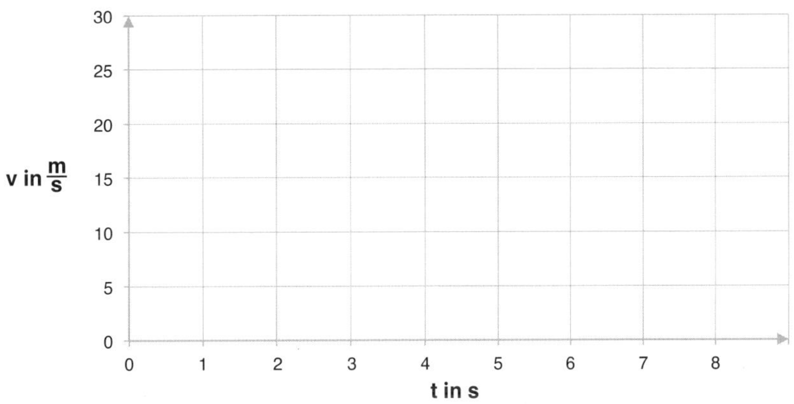

d) Zeichne in das Geschwindigkeit-Zeit-Diagramm die Kurve für eine Bewegung mit einer kleineren Beschleunigung ein.

Lernzielkontrolle (1)

① **Vervollständige.**

Ein Körper bewegt sich, wenn er ______________________________

______________. Die gleichmäßig beschleunigte Bewegung erkennen wir an

____________________________ zum Beispiel ____________.

Die Fahrt auf einer Rolltreppe ist eine ______________________, diese

erkennen wir an ______________________________.

② **In dem Diagramm ist von der Fahrt eines PKWs ein kleiner Ausschnitt dargestellt.**

a) Interpretiere das abgebildete Diagramm und bestimme die Bewegungsarten.

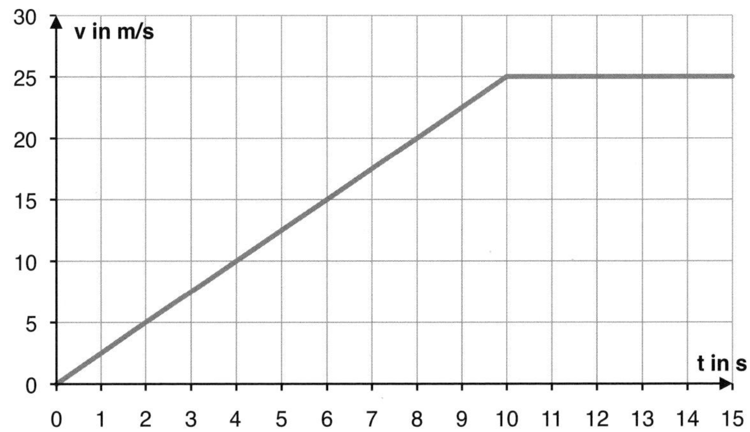

b) Berechne für jeden Abschnitt den zurückgelegten Weg.

③ **Ein Hase erreicht nach 100 Sekunden seine Höchstgeschwindigkeit von 72 $\frac{km}{h}$. Wie groß ist die Beschleunigung des Hasen? Wie weit ist er in dieser Zeit gelaufen?**

Lernzielkontrolle (2)

④ **In einem Experiment wurden folgende Messwerte einer beschleunigten Bewegung aufgenommen.**

Zeit in s	2	4	6	8
Weg in m	6,4	25,6	57,6	102,4

a) Stelle die Messwerte in einem Weg-Zeit-Diagramm dar.

b) Gib den mathematischen Zusammenhang zwischen Weg und Zeit an.

Begründe deine Aussage.

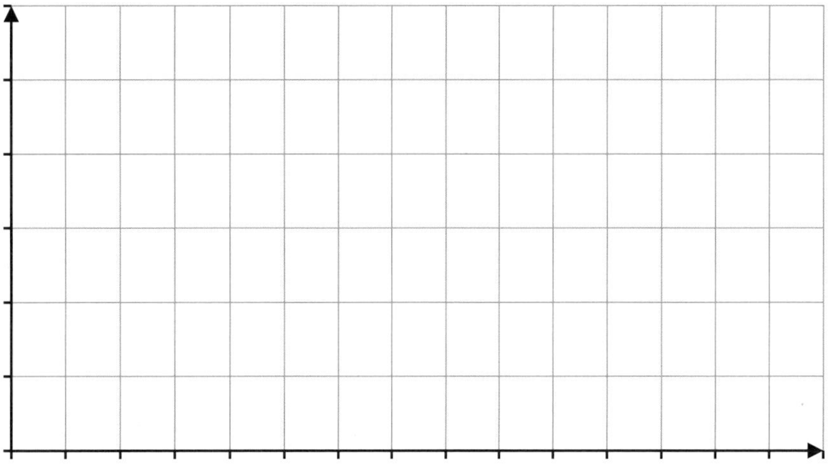

c) Berechne für alle Messwerte die Geschwindigkeit.

d) Zeichne nun für diese Bewegung das Geschwindigkeit-Zeit-Diagramm.

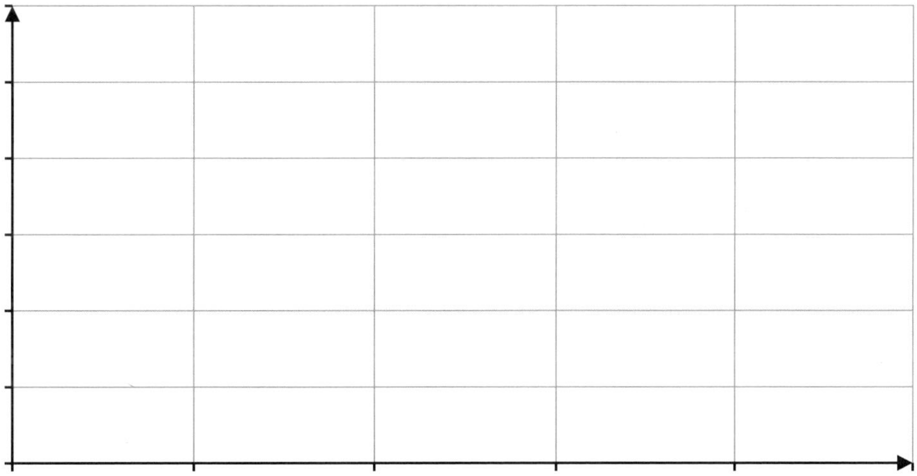

e) Zeichne in das Geschwindigkeit-Zeit-Diagramm die Kurve für eine Bewegung mit einer kleineren Beschleunigung ein.

Newtonsche Gesetze der Dynamik (1)

INFO

Newtonschen Gesetze: grundlegende Gesetze der Mechanik

- Trägheitsgesetz
- Newtonsches Grundgesetz
- Wechselwirkungsgesetz

❶ **Recherchiere die 3 Newtonschen Gesetze und ordne sie den Abbildungen zu.**

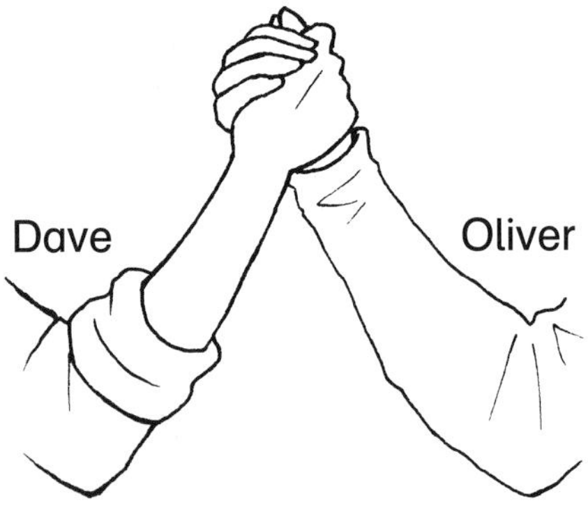

❷ **Verbinde.**

Trägheitsgesetz
Wechselwirkungsgesetz
Newtonsches Grundgesetz

Der Fußballer schießt den Ball in das Tor.
Beim Anfahren eines LKWs rutscht die Ladung herunter.
Das Auto mit dem größeren Motor fährt an der Kreuzung schneller an.
Ein aufgeblasener Luftballon wird losgelassen und fliegt durch den Raum.
Die Decke unter einem Teller wird so schnell weggezogen, dass der Teller stehen bleibt.

❸ **Ein Storch ist auf dem langen Weg in den Süden. Er stöhnt: „Ach, wenn doch nur die Luft nicht wäre, dann wäre das Fliegen so viel leichter."**

Was sagst du dazu? Begründe deine Aussage.

Newtonsche Gesetze der Dynamik (2)

❹ Welche Bremskraft F wirkt, wenn ein Fahrzeug mit einer Masse m von 700 kg mit einer Verzögerung a von $4 \frac{m}{s^2}$ abbremst.

❺ Susann und Anna beobachten ein Ruderboot.

Zeichne ein, in welche Richtung der Ruderer die Ruderblätter drückt, um vorwärts (in Pfeilrichtung) zu fahren?

Begründe deine Antwort.

❻ Dustin und Philipp lassen einen Wagen mit einem unbefestigten Probekörper eine geneigte Ebene herunter sausen. Unten prallt der Wagen gegen ein Hindernis.

a) Welche Bewegung des Probekörpers werden sie beobachten? Begründe.

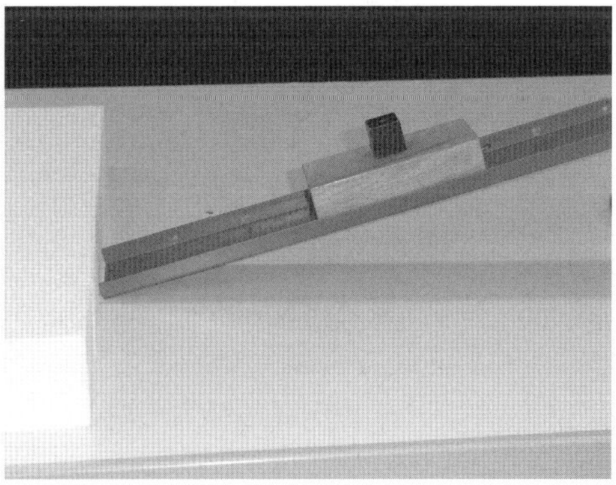

b) Beide formulieren nach dem Experiment Schlussfolgerungen für die Beförderung von Personen in einem Fahrzeug. Kreuze richtige an.

☐ Bremse stets langsam und gleichmäßig.
☐ Fahre immer mit einem Gurt angeschnallt.
☐ Halte dich beim Bremsen am Sitz gut fest.
☐ Stelle deine Taschen immer auf den hinteren Sitz.

Newtonsche Gesetze der Dynamik (1)

① **Entscheide, ob die Aussagen richtig oder falsch sind. Wenn du denkst, es handelt sich um eine falsche Aussage, dann berichtige sie.**

Aussage	richtig	falsch	Die Aussage müsste richtig heißen:
Ist die resultierende Kraft auf einen Körper gleich Null, so befindet sich der Körper in Ruhe oder gleichförmiger, geradliniger Bewegung.			
Je schwerer die Ladung eines LKWs, umso größer ist seine Beschleunigung.			
Wirken mehrere Kräfte, die sich aufheben, auf einen Körper, so befindet er sich in Ruhe oder bewegt sich mit konstanter Geschwindigkeit.			
Wenn ein Körper beschleunigt, besteht kein Kräftegleichgewicht.			

② **Ordne die drei Grundgesetze der Dynamik zu. Verbinde.**

Trägheitsgesetz
Wechselwirkungsgesetz
Newtonsche Grundgesetz

Der Fußballer schießt den Ball in das Tor.
Beim Anfahren eines LKWs rutscht die Ladung herunter.
Das Auto mit dem größeren Motor fährt an der Kreuzung schneller an.
Ein aufgeblasener Luftballon wird losgelassen und fliegt durch den Raum.
Die Decke unter einem Teller wird so schnell weggezogen, dass der Teller stehen bleibt.

③ **Was wäre, wenn ... Begründe deine Antworten.**

a) ... Wellensittiche passende Sauerstoffmasken tragen. Könnten sie dann durch einen luftleeren Raum fliegen?

____

____

b) ... Sprinter Spezialschuhe mit einer extra glatten reibungsfreien Sohle anziehen. Würden sie dann jeden Wettkampf gewinnen?

____

____

c) ... Schnecken an ihrem Fuß Spikes hätten. Wären sie dann schneller?

____

Newtonsche Gesetze der Dynamik (2)

4 **Welche Bremskraft wirkt, wenn ein Fahrzeug mit einer Masse von 700 kg mit einer Verzögerung von $4\frac{m}{s^2}$ abbremst?**

5 **Susann und Anna diskutieren. Susann behauptet, dass der Ruderer die Ruderblätter mit seiner Kraft nach hinten zum Heck des Bootes drückt. Anna meint, da das Wasser beim Vorwärtsfahren einen großen Widerstand entgegenbringt, müssen die Ruderblätter nach vorn zum Bug des Bootes gedrückt werden.**

Was sagst du dazu? Begründe deine Antwort.

6 **Dustin und Philipp lassen einen Wagen mit einem unbefestigten Probekörper eine geneigte Ebene heruntersausen. Unten prallt der Wagen gegen ein Hindernis.**

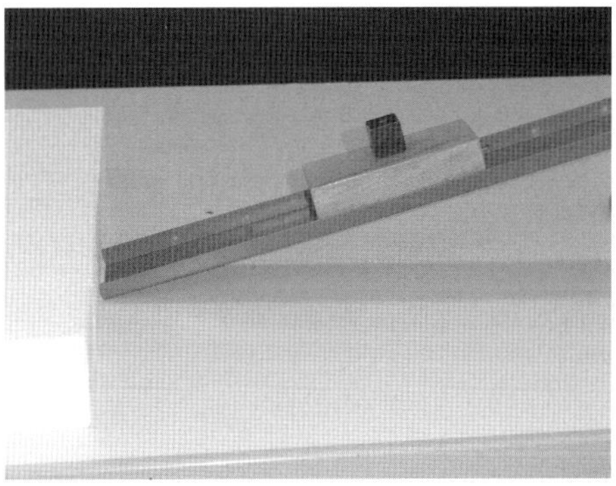

a) Welche Bewegung des Probekörpers werden sie beobachten? Begründe.

b) Beide formulieren nach dem Experiment Schlussfolgerungen für die Beförderung von Personen in einem Fahrzeug. Kreuze die richtigen an.

- ☐ Bremse stets langsam und gleichmäßig.
- ☐ Fahre immer mit einem Gurt angeschnallt.
- ☐ Halte dich beim Bremsen am Sitz gut fest.
- ☐ Stelle deine Taschen immer auf den hinteren Sitz.

c) Anschließend wollen Dustin und Philipp untersuchen, welchen Einfluss die Beschleunigung des Wagens auf die Kraftwirkung des Probekörpers hat. Beschreibe, wie du das Experiment durchführen würdest.

Arbeit und Energie mit Hilfekärtchen

INFO

Wenn Arbeit verrichtet wird, so besitzt der Körper danach Energie.

- Hubarbeit → Körper besitzt potentielle Energie $E_{pot} = m \cdot g \cdot h$
- Beschleunigungsarbeit → Körper besitzt kinetische Energie $E_{kin} = \frac{1}{2} \cdot m \cdot v^2$

Energieerhaltungssatz: Energie kann nicht verloren gehen, sie wird in andere Energieformen umgewandelt.

❶ Im Heide Park Soltau eröffnete im Jahre 2001 die damals größte Holzachterbahn der Welt. Aus einer Höhe h von 48,5 m fahren bis zu 30 Personen in einem Zug die Bahn fast senkrecht nach unten.

Hilfekärtchen!

a) Welche potentielle Energie besitzt der Zug, wenn der Zug inklusive Fahrgäste eine Masse m von 8 500 kg besitzt.

b) Welche Geschwindigkeit v erreicht der Zug, wenn das Gefälle und die Reibung unberücksichtigt bleiben.

❷ Um das Verhalten eines Fahrzeuges, seiner Insassen und der Ladung zu untersuchen führt die Automobilindustrie Crashtests durch. Das Fahrzeug wird dazu auf 64 $\frac{km}{h}$ beschleunigt und prallt dann frontal gegen eine Barriere.

Hilfekärtchen!

a) Mit welcher kinetischen Energie prallt das Fahrzeug (1150 kg) auf die Barriere?

b) Einem Sturz aus welcher Höhe entspricht dieser Aufprall?

Arbeit und Energie

① **Vervollständige.**

Wird ein Karton von unten in ein Regal gehoben, so wird ________________ verrichtet.

Der Karton besitzt dann ________________ Energie. Fällt der Karton herunter, nimmt seine

________________ Energie zu, die ________________ Energie ab.

② **Im Heide-Park Soltau eröffnete im Jahre 2001 die damals größte Holzachterbahn der Welt. Aus einer Höhe von 48,5 m fahren bis zu 30 Personen in einem Zug die Bahn fast senkrecht nach unten.**

a) Welche potenzielle Energie besitzt der Zug, wenn der Zug inklusive Fahrgäste eine Masse von 8 500 kg besitzt?

b) Welche Geschwindigkeit erreicht der Zug, wenn das Gefälle und die Reibung unberücksichtigt bleiben?

③ **Um das Verhalten eines Fahrzeugs, seiner Insassen und der Ladung zu untersuchen, führt die Automobilindustrie Crashtests durch. Das Fahrzeug wird dazu auf 64 $\frac{km}{h}$ beschleunigt und prallt dann frontal gegen eine Barriere.**

a) Mit welcher kinetischen Energie prallt das Fahrzeug (1150 kg) auf die Barriere?

b) Einem Sturz aus welcher Höhe entspricht dieser Aufprall?

c) Maximilian behauptet, dass die berechnete Höhe für leichte und schwere Fahrzeuge gleich ist. Was sagst du dazu? Begründe deine Aussage.

____

____

Lernzielkontrolle (1)

❶ Ordne die Energiearten den Beispielen zu. Verbinde.

potentielle Energie
kinetische Energie

ein fliegender Schneeball
Geröllberge im Hochgebirge
heißer Dampf, der in eine Turbine strömt
Kokosnuss an einer Palme

❷ Maximilian und Laura beobachten im Skiurlaub eine Schneelawine. Maximilian staunt, wie groß die potentielle Energie der Lawine ist. Laura entgegnet: „Ich sehe keine potentielle Energie, aber schau wie schnell die Lawine sich ins Tal bewegt."

a) Wo besitzt die Schneelawine eine hohe potentielle Energie?

____

____

b) Welche Energieumwandlung beobachtet Laura?

____

____

❸ Felix und Martin haben im Unterricht das Trägheitsgesetz kennengelernt. Sie formulieren aus diesen Erkenntnissen Schlussfolgerungen für die Beförderung von Personen in einem Fahrzeug.

a) Kreuze richtige an.

- ☐ Schnalle Gepäck zum sicheren Transport an.
- ☐ Die Kurven zügig durchfahren.
- ☐ Halte dich beim Anfahren am Sitz gut fest.
- ☐ Stelle deine Kopfstützen auf die richtige Höhe ein.

b) Folgender Versuchsaufbau steht dir zur Verfügung.
Beschreibe ein Experiment,
mit dem du eine Schlussfolgerung nachweisen kannst.

____

____

____

❹ Der Turm der Großen Olympiaschanze in Garmisch-Partenkirchen hat eine Höhe h von 60,4 m.

Benötigte Gleichungen:
$F = m \cdot a$; $E_{pot} = m \cdot g \cdot h$; $E_{kin} = \frac{1}{2} \cdot m \cdot v^2$

Welche potentielle Energie besitzt ein Skispringer mit einer Masse m von 84 kg?

❺ Veröffentlichte Nachricht in einer regionalen Zeitung.

25.11.2012, Sao Paulo

Formel 1 – Großer Preis von Brasilien

Am Wochenende endete die Saison mit einem spannenden Finale. Die Fahrer fuhren 71 Runden à 4309 m. Den Sieg bei diesem Rennen holte sich Jenson Button. Er beschleunigte in 11,3 Sekunden von 0 auf 300 km/h. Seine Höchstgeschwindigkeit betrug 303 km/h. Den Weltmeistertitel konnte sich jedoch Sebastian Vettel zum dritten Mal sichern.

a) Wie groß war die Kraft F beim Anfahren, wenn sein vollgetanktes Auto eine Masse m von ca. 700 kg hatte?

b) Wie groß ist die Energie des Ferraris bei der Höchstgeschwindigkeit. Rechne zuerst die Einheit der Geschwindigkeit um.

Lernzielkontrolle (1)

① **Ordne die Energiearten den Beispielen zu. Verbinde.**

potenzielle Energie
kinetische Energie

Ein fliegender Schneeball
Geröllberge im Hochgebirge
Heißer Dampf, der in eine Turbine strömt
Kokosnuss an einer Palme

② **Maximilian und Laura beobachten im Skiurlaub eine Schneelawine. Maximilian staunt, wie groß die potenzielle Energie der Lawine ist. Laura entgegnet, die Lawine habe doch eine große kinetische Energie.**

Was meinst du dazu?

____

____

____

③ **Felix und Martin haben im Unterricht das Trägheitsgesetz kennengelernt. Sie formulieren aus diesen Erkenntnissen Schlussfolgerungen für die Beförderung von Personen in einem Fahrzeug.**

a) Kreuze die richtigen an.

- ☐ Schnalle Gepäck zum sicheren Transport an.
- ☐ Die Kurven zügig durchfahren.
- ☐ Halte dich beim Anfahren am Sitz gut fest.
- ☐ Stelle deine Kopfstützen auf die richtige Höhe ein.

b) Beschreibe ein Experiment, mit dem du die Schlussfolgerungen nachweisen kannst.

____

____

____

____

____

____

④ **Vergleiche die Geschwindigkeiten (>; <; =), mit denen ein leichter Tennisball und eine schwere Bleikugel auf der Erde aufschlagen, wenn sie aus der gleichen Höhe herunterfallen.**

____

____

⑤ **Der Turm der Großen Olympiaschanze in Garmisch-Partenkirchen hat eine Höhe von 60,4 m.**

a) Welche potenzielle Energie besitzt ein Skispringer mit einer Masse von 84 kg?

b) Wie groß ist die Geschwindigkeit, mit der er vom Schanzentisch abspringt? (Die Neigung, die Reibung und der Luftwiderstand bleiben unberücksichtigt.)

⑥ **Veröffentlichte Nachricht in einer regionalen Zeitung.**

25.11.2012, Sao Paulo

Formel 1 – Großer Preis von Brasilien

Am Wochenende endete die Saison mit einem spannenden Finale. Die Fahrer fuhren 71 Runden à 4 309 m. Den Sieg bei diesem Rennen holte sich Jenson Button. Er beschleunigte in 11,3 Sekunden von 0 auf 300 km/h. Seine Höchstgeschwindigkeit betrug 303 km/h. Den Weltmeistertitel konnte sich jedoch Sebastian Vettel zum dritten Mal sichern.

a) Wie groß war seine Beschleunigung?

b) Wie groß war die Kraft beim Anfahren, wenn sein vollgetanktes Auto mit Fahrer eine Masse von ca. 700 kg hatte?

c) Wie groß ist die Energie des Ferraris bei der Höchstgeschwindigkeit?

d) Einem Sturz aus welcher Höhe entspricht dies?

Quellenverzeichnis

Konstruktionen:	Satzpunkt Ursula Ewert GmbH, Bayreuth
Coverabbildung:	Stefan Lucas
Piktogramme:	Oliver Wetterauer
Seite 7:	Mädchen © Julia Flasche
Seite 11:	Wasserglas © flashpics – Fotolia.com
Seite 13:	Ziegelstein © MouseDesign Medien AG, Zeven
Seite 16:	Stein © Sharpshot – Fotolia.com; Kürbisse © Eva Vargyasi – Fotolia.com
Seite 17:	Elefant © T. Allendorf – Fotolia.com
Seite 20:	Macchiato © L.S. – Fotolia.de
Seite 21:	Würfel © Stefan Gräf – Fotolia.com; Glaskugel © xalex – Fotolia.com
Seite 24:	Goldbarren © Gina Sanders – Fotolia. com
Seite 26:	Lampe © Dark Vectorangel – Fotolia.com; Tisch, Flasche, Fahrrad © MouseDesign Medien AG, Zeven
Seite 30:	Inlinerin © James Peragine – Fotolia.com; Riesenrad © Dan Race – Fotolia.com; Stoßdämpfer © Dark Vectorangel Fotolia.com; LKW © Thaut Images – Fotolia.com
Seite 32:	Auto © Robert Wilson – Fotolia.com; Bahn © den belitsky – Fotolia.com; Fußgänger © geewhiz – Fotolia.com; Glühbirne © Mr_Vector – Fotolia.com; Ohr © teflon_timmy – Fotolia.com
Seite 33:	Fabrik, Flaschenproduktion © Vasily Smirnov – Fotolia.com
Seite 37:	Läuferin © einstein – Fotolia.com
Seite 40:	Leopard © DE Photography – Fotolia.com
Seite 44:	Tautropfen © Sven Mueller – Fotolia.com
Seite 46:	Pflanze und Versuch © MouseDesign Medien AG, Zeven
Seite 48:	Startblock © wyssu – Fotolia.com; Tauziehen © Fotograf: Wendy ov, Wikimedia Commons, lizenziert unter Creative Commons BY-SA-3.0.de, URL: http://creativecommons.org/licenses/by-sa/3.0/de/legalcode; Kanufahrer © Fotograf: Barry Skeates, Wikimedia Commons, lizenziert unter Creative Commons BY-2.0.us, URL: http://creativecommons.org/licenses/by/2.0/legalcode
Seite 49:	Junge © Elisabeth Lottermoser
Seite 52:	Federkraftmesser © Oliver Wetterauer
Seite 53:	Apfel © volff – Fotolia.com; Zucker © Coprid – Fotolia.com; Teebeutel © karandaev – Fotolia.com
Seite 54:	Feder © fefufoto – Fotolia.com; Gummiband, schmal © FML - Eigenes Werk, CC BY-SA 2.5, https://commons.wikimedia.org/w/index.php?curid=244411; Gummiband, breit © Svdmolen, CC BY 2.5, https://commons.wikimedia.org/w/index.php?curid=1529274
Seite 57:	Mobile, Bücherbrett © Elisabeth Lottermooser; Gewichtheber © Oliver Wetterauer
Seite 58:	Kräftemessen, Schlitten, Seilbahn © Elisabeth Lottermooser
Seite 61:	Mädchen im Sessel, Trampolin, Ballwurf, Tasche tragen © Elisabeth Lottermooser

Quellenverzeichnis

Seite 63:	diverse Kraftarten © Oliver Wetterauer
Seite 65:	verschiedene Versuchsaufbauten © Oliver Wetterauer
Seite 68:	Kugellager © Silberwolf, Wikimedia Commons, lizenziert unter Creative Commons BY-2.5.us, URL: http://creativecommons.org/licenses/by/2.5/legalcode; Bergsteiger © Benicce – Fotolia.com; Rutsche © Fotograf: GunnerPoulsen, Wikimedia Commons, lizenziert unter Creative Commons BY-SA-3.0.de, URL: http:// creativecommons.org/licenses/ by-sa/3.0/de/legalcode; Schnecke (S. 24): © Fotograf: Rasbak, Wikimedia Commons, lizenziert unter Creative Commons BY-SA-3.0, http://creativecommons.org/licenses/by-sa/3.0/deed.en
Seite 73:	Newton © Franziska Gust
Seite 76:	Warnschild © Julia Flasche
Seite 77:	Inlinerin © James Peragine – Fotolia.com; Mondfähre © Neil Armstrong – NASA Apollo Archive (details: [1], source: [2]) Prepared and restored by Kipp Teague., Gemeinfrei, https://commons.wikimedia.org/w/index.php?curid=31907
Seite 84:	Hebel © Oliver Wetterauer
Seite 85:	Archimedes © Franziska Gust
Seite 88:	Versuchsaufbau © Oliver Wetterauer
Seite 89:	Schubkarre © Julia Flasche
Seite 92:	PKW & LKW © Marion El-Khalafawi; Pyramide © Oliver Wetterauer
Seite 95:	Schneeschuh (S. 37) © Fotograf: Luidger, Wikimedia Commons, lizenziert unter Creative Commons BY-SA-3.0.de, URL: http://creativecommons.org/licenses/ by-sa/3.0/de/legalcode; Pumps (S. 37) © Fotograf: Ulianaa, Wikimedia Commons, lizenziert unter Creative Commons BY-SA-3.0.de, URL: http://creativecommons.org/ licenses/by-sa/3.0/de/legalcode; Chucks (S. 37) © Fotograf: Brooke Fishwick, Wikimedia Commons, lizenziert unter Creative Commons BY-SA-3.0.de, URL: http:// creativecommons.org/licenses/ by-sa/3.0/de/legalcode
Seite 96:	Schneeraupe © Anke Ganzer
Seite 99:	Schiff & U-Boot © Roman Lechner
Seite 103:	Haus © Marion El-Khalafawi
Seite 105:	Otto von Guericke – Stich nach A. van Hulle, gemeinfrei, https://commons. wikimedia.org/w/index.php?curid=32798824; Otto von Guericke: Experimenta nova (ut vocantur) Magdeburgica de vacuo spatio, 1672, Gaspar Schott, gemeinfrei, https://commons.wikimedia.org/w/index.php?curid=5106946
Seite 108:	Hebebühne © Roman Lechner; Wasserpistole © Alterfalter – Fotolia.com
Seite 111:	Messzylinder © Oliver Wetterauer
Seite 112:	Eimer © Barbara Gerth
Seite 116:	Stromlinienbild 1 © Oliver Wetterauer; weitere Stromlinienbilder, LKW und Motorrad © Roman Lechner
Seite 118:	Teekanne © Roman Lechner
Seite 120:	diverse Abbildungen © Oliver Wetterauer

Quellenverzeichnis

Seite 121:	Ballon © Elisabeth Lottermooser
Seite 124:	Miniatur Wunderland (S. 15): © Dannebrog Spy, Wikimedia Commons, lizenziert unter Creative Commons BY-SA-2.5.us, URL: http://creativecommons.org/licenses/by-sa/2.5/legalcode
Seite 128:	Praterturm © Peter Gugerell
Seite 130:	Autoscooter © Roman Lechner; Sojus-Rakete © NASA/Bill Ingalls
Seite 134:	Fahrradfahrerin © mr.markin – Fotolia.com
Seite 138:	Lamborghini © Fotograf: Xavigivax, Wikimedia Commons, lizenziert unter Creative Commons BY-SA-3.0, http://creativecommons.org/licenses/by-sa/3.0/deed.en
Seite 139:	Usain Bolt © Fotograf: Nick Webb, Wikimedia Commons, lizenziert unter Creative Commons BY-2.0.us, URL: http://creativecommons.org/licenses/by/2.0/legalcode
Seite 149:	Hockenheimring © Markus.martin2003 at the German language Wikipedia, Wikimedia Commons, lizenziert unter Creative Commons BY-SA-3.0, http://creativecommons.org/licenses/by-sa/3.0/deed.en; Sebastian Vettel © Ryan Bayona, Wikimedia Commons, lizenziert unter Creative Commons BY-2.0.us, URL: http://creativecommons.org/licenses/by/2.0/legalcode
Seite 151:	Auto, Ampel © Oliver Wetterauer
Seite 154:	Glaszylinder © Anke Ganzer
Seite 156:	Hase © drubig – Fotolia.com
Seite 160:	Armdrücken, Kind und Vater, Paket und Mann © Roman Lechner
Seite 161:	Ruderer © Rainer Halama, Wikimedia Commons, lizenziert unter Creative Commons BY-SA-3.0, http://creativecommons.org/licenses/by-sa/3.0/deed.en; geneigte Ebene © Anke Ganzer
Seite 164:	Colossos © Stefan Scheer, Wikimedia Commons, lizenziert unter Creative Commons BY-SA-3.0, http://creativecommons.org/licenses/by-sa/3.0/deed.en
Seite 166:	Experiment © Oliver Wetterauer
Seite 165:	Jenson Button © Ryan Bayona, Wikimedia Commons, lizenziert unter Creative Commons BY-2.0.us, URL: http://creativecommons.org/licenses/by/2.0/legalcode